Karpatenwilli • Im Frühling nach Rumänien

Karpatenwilli

Im Frühling nach Rumänien

Reiseberichte

FRIELING

*Die Schreibweise in diesem Buch entspricht den Regeln
der alten Rechtschreibung.*

Bibliografische Information der Deutschen Nationalbibliothek
Die Deutsche Nationalbibliothek verzeichnet diese Publikation in der
Deutschen Nationalbibliografie; detaillierte bibliografische Daten sind im
Internet über http://dnb.d-nb.de abrufbar.

© Frieling-Verlag Berlin
Eine Marke der Frieling & Huffmann GmbH
Telefon: 0 30 / 76 69 99-0
www.frieling.de

ISBN-10: 3-8280-1235-3
ISBN-13: 978-3-8280-
1. Auflage anno 2000
Umschlaggestaltung: Michael Beautemps
Bildnachweis: Archiv des Autors
Sämtliche Rechte vorbehalten
Printed in Germany

Inhaltsverzeichnis

Făgăraş 89 7

Eine Wanderung im Retezat und erste Höhlentouren im

Şureanu-Gebirge 16

Durchs Wassertal und Rodna-Gebirge (1991) 29

Ostern im Şureanu und eine Schnuppertour ins Bihor (1994) ... 41

Ausflug in die Maramureş, die Moldau und ins

Bihor-Gebirge 58

Aufbruch ins Bihor-Gebirge 67

Auf Schusters Rappen durchs Retezat-, Godeanu- und

Cerna-Gebirge (1995) 76

Im Frühling nach Rumänien / Karasch-Klamm und

Şureanu-Gebirge (1999) 105

Wenn zwee Brandenburjer in de Maramureş nach Rumänien

fahren! 127

Făgăras 89

15.8.89
Um 9.15 Uhr Abfahrt von Berlin-Lichtenberg. Ich teilte das Schlafwagenabteil mit einem zwei Jahre jüngeren Mann aus dem Jemen, welcher nach Sofia zurückreiste. Er studiert dort Rechtswissenschaften. Ganz alltäglich war dieser „Grenzgänger" hier wohl nicht, denn bei allen Grenzübergängen zeigten sich die jeweiligen Beamten äußerst „kontrollfreudig". Mir fehlte hier nur noch eine Inventarmarke auf der Stirn, dann wäre ich wohl gänzlich übersehen worden.

16.8.89
Gegen 1 Uhr in der Nacht ging es über die ungarische Grenze. Mein jemenitischer Freund mußte sein Gepäck vorzeigen. „Immer diese Störungen!" In der Frühe folgte die rumänische Grenze. Hektisches Treiben auf dem Grenzbahnhof. Geschulterte Gewehre bei den Soldaten, ein Behinderter mit nur einer Hand kroch auf dem Bahnsteig umher und bettelte, rumänische „Kleinhändler" bestiegen in Massen den Zug, um ein Geschäft mit den Einreisenden zu machen, Kinder auf dem Bahnsteig forderten lautstark Schokolade und „Gumma", Zigeunerfrauen in bunter Tracht. Um 17 Uhr dann Ankunft in Brașov (Kronstadt). Sechs Lei für die Gepäckaufbewahrung im Bahnhof, und dann stürzte ich mich ins Leben. In der Altstadt fuhr ich mit der Seilbahn auf Brașovs „Hausberg". Nach ausführlichen Umblicken auf ins Restaurant. Ich setzte mich zu zwei Rumänen an den Tisch. Irgendwann kam ein sehr korpulenter Kellner, gekleidet in eine weiße Uniform mit Schulterstücken. Sehr beeindruckend, und ich wußte nicht, ob ich nun strammstehen sollte. Ich wollte ein Mineralwasser. Fehler! Der Kellner-General war fort, und ich hatte noch nicht einmal alle Wünsche preisgegeben. Die zwei rumänischen Mitbürger lächelten nur und zeigten auf ihre Weingläser.

Ich wußte nun, daß ich meine Bestellung anders einleiten muß, denn Mineralwasser war eben nicht im Angebot. Wieder kam der General-Kellner mit ernstem Gesicht, und ich begann meine Bestellung mit einem Glas Wein. Fehler! Ich konnte aufhören zu sprechen, war ja kein General-Kellner mehr da. Die beiden Tischnachbarn lachten und gaben mir zu verstehen, daß man hier und heute nur Wein in Flaschen bestellen kann. Ich nickte wohlwollend. Der General-Kellner war aber mittlerweile so bockig mit mir, daß er mich keines Blickes würdigte. Hatte ich hier etwa eine Inventarmarke auf der Stirn? Den beiden Rumänen am Tisch wurde das aber nun peinlich. So bekam ich erst mal einen Schluck Wein von ihnen, und dann beschimpften sie den General-Kellner. Dem wurde dies wiederum peinlich, was zur Folge hatte, daß ich mein hier und jetzt erlangtes Wissen regelrecht versprühte. Eine Flasche Wein und dazu bitte Hühnerkeulchen in Knoblauchtunke. Mein Wunsch ward schnell erfüllt. Später war ich „abgefüllt" und nach der Rechnung von 106 Lei meine Geldbörse fast „entfüllt". Die Rechnung war wohl etwas überzogen, und so gab ich noch etwas Trinkgeld. Das war genial. Da schaute die eine Gesichtshälfte des General-Kellners ernst, und die andere Hälfte lächelte. Ich lächelte übers ganze Gesicht und schlenderte in lieblicher Abendstimmung zurück zum Bahnhof. Holte die Kraxel und bezog im Wartesaal (2. Klasse) mein Nachtquartier. Ein Deutschrumäne kam und kaufte mir noch fünf Schachteln Zigaretten ab. Ich war jetzt reicher als zu Beginn meiner Reise, und so verkroch ich mich selig im Schlafsack.

17.8.89

Früh um 6 Uhr Abfahrt mit dem Zug nach Zărneşti. Von dort bin ich mit einem Rumänen und zwei Ungarn ins Gebirge getrampt. Ein großer Holztransporter nahm uns mit. Am Forsthaus Rudăriţa stieg ich aus und war allein. Nun begann ein steiler Aufstieg durch dichte alte Wälder mit schwerem Gepäck und nur einer Cola im

Magen. Über der Baumgrenze stieß ich auf eine Gruppe von vier jungen Leuten. Unter ihnen eine kleine zarte Frau (Kinderärztin) mit einem ebenso großen Rucksack. Wir liefen nach einer Rast gemeinsam bis zur Salvamonthütte „Berevoiescu", wo ich mich verabschiedete, um hier Station zu machen. Die junge Frau führte übrigens die Truppe an. Und ich zog den „Hut" vor ihr, nicht nur zum Abschied. Nun wurde Quartier bezogen, Wasser geholt und Kaffee gekocht. Punkt 16 Uhr rammten sich meine Beißer in die Schokolade. Mein Energiebedarf war riesig. Ich saß draußen in der Sonne und genoß den Weitblick auf das Iezer-Păpușa-Gebirge. Eine Schafherde näherte sich, und alles verlief in chronologischer Reihenfolge. Zuerst musterten mich die Hunde, dann passierten die sorglos scheinenden Schafe, und schließlich saß ich mit dem Hirten auf einen Plausch beisammen. Er bat mich um etwas Zucker. Ich hatte eh genug davon, und dafür bekam ich einige „Schlückchen" Țuică. Jetzt war ich endlich in Rumänien!!! Die Schokolade im Bauch muß wohl ein zweites Mal geschmolzen sein. Der Hirte verabschiedete sich, und kurze Zeit später kam ein rumänischer Wandersmann daher. Auch er bezog hier Quartier. Wir kamen gleich ins Gespräch und bereiteten ein gemeinsames Abendbrot. Er war aus Sighișoara und von Beruf Restaurateur für Gemälde und Plastiken. Schließlich gesellten sich zu uns noch vier Wandersgesellen aus Thüringen. Sie bauten vor der Blechhütte ihr Zelt auf, welches auf der Seite im Vorzelt mit vier langen Pflasterstreifen geflickt war. Eine Nacht zuvor zelteten sie bei Plaiu Foii, und da kam in der Nacht ein Bär auf Besuch. Mit einem Hieb ins Vorzelt riß er eine Kraxel heraus und „entzauberte" dieser eine Salami. Das Zelt war ja nicht sehr groß, aber die Jungs glaubten, in diesem Moment im Zelt aufrecht gestanden zu haben. Jetzt konnten sie schon drüber lachen, und das machte sie (abgesehen davon, daß sie eh schon Thüringer waren) recht sympathisch. Diese Nacht war auch mit einem kleinen Erlebnis verbunden. Eine Maus machte sich unter dem Liegegestell zu schaffen. Ich leuchtete sie mit der Taschenlampe an, und die knabbert prompt weiter um sich. Erst als sie mit meinem Kochgeschirr rumscharrt, da räume ich noch ein wenig auf. Noapte bună!

18.8.89

Mit dem Rumänen saß ich gegen 8 Uhr zu „Tisch". Danach tauschten wir noch die Adressen, und ich schenkte ihm einen Kugelschreiber und eine Tüte Trinkpulver. Er schenkte mir spontan ein Heft, in dem zwölf rumänische Gebirge kartographiert waren. Schon am Abend zuvor hatte ich darin begeistert rumgeblättert, und nun dieses Geschenk. Unvorstellbar, dieses Geschenk. Mit den vier Thüringern ging es dann gemeinsam weiter. Später Aufbruch, bis zur Zârna-Schutzhütte recht ebene Strecke, schließlich noch mal die Arschbacken zusammengekniffen, und am letzten Rinnsal, kurz unterhalb des Dara-Gipfels (2.500 Meter), wurden dann die Zelte aufgeschlagen. Ein ausführliches Abendmahl und ein Bad in einem nahe gelegenen Bergsee gaben dem Tag noch das I-Tüpfelchen. Was gibt es noch zu sagen: Sonnenbrand! Nase, Nacken, Arme und Beine bitte nicht berühren!

19.8.89

Gegen 10 Uhr waren die Ranzen geschnürt, und auf ging es zum Moldoveanu. Wir hatten ausgezeichnete Sicht und recht derbe Steigungen. Gegen 17 Uhr kamen wir ziemlich ausgezehrt am Lacul Moldoveanului an. Wir bauten unsere Zelte auf und kochten anschließend eine Făgăraşer Reis-Nudel-Kombinationssuppe, und die war nicht von schlechten Eltern. Am Abend stand noch recht warme Luft hier oben im Kar. Wir lagen lange noch im Gras und plauderten. Zwei Schafböcke schlugen sich die Hörner ein.

20.8.89

Die Sonne schien ins Zelt. Wohlstimmiges Erwachen. Bis hierher und noch keine Wetterkrise, irre! Um 10 Uhr Frühstück. Wir beschlossen einstimmig, heute hier zu verbleiben. Gegen 11 Uhr stiegen Frank und ich ohne Gepäck zum Moldoveanu-Gipfel (2.544 Meter) auf. Gute Sicht, nur der Negoi-Gipfel stand ein wenig in den Wolken. Schließlich wanderten wir dann noch ein wenig in Richtung Lacul Galbenu. Gegen 15 Uhr waren wir wieder am Zelt. Kaffeezeit. Dann gingen die drei anderen Wandersburschen zum Moldoveanu hinauf. Wir verfolgten ihren Aufstieg. Als sie am Gipfel angekommen waren, zogen dunkle Wolken auf. Starker Hagel und Gewitter kamen über uns. Ich möchte jetzt nicht da oben sein. Hatte ja im vorigen Jahr auf selbiger Strecke genügend verheerende Erfahrungen gemacht. Das Unwetter zog vorüber, und wir sahen die Jungs hinabsteigen. An den Zelten angekommen, hatten wir für sie schon Tee bereitet.

21.8.89

Heute stand uns eine anstrengende Tour bevor. Geplant war die Cabana Bâlea Lac. Um 11 Uhr waren wir mit Gepäck auf dem Moldoveanu-Gipfel. Am Abzweig Cabana Capra erfuhren wir von anderen Wanderern, daß Cabana Bâlea Lac heute geschlossen sei. Einstimmig beschlossen wir den Abstieg zur Cabana Capra. Der lange Abstieg zermürbte uns ein wenig. Die Cabana hatte ebenfalls geschlossen, und so gingen wir erst einmal in die dahinter gelegene Kneipe, tranken Wein und Aqua. Zum Essen gönnten wir uns Hühnerkeulen mit Tomate und Weißbrot (ein Essen = 35 Lei). Anschließend gingen wir zur nahe gelegenen Zeltwiese. Rechts des Wegs stand eine leere Holzhütte. Wir machten uns auf zur Inspektion. Es roch total nach Schaf, doch es hinderte uns nicht zu bleiben.

22.8.89
Fünf nach Schaf riechende Wandersburschen befanden sich auf einem LKW, auf der Transfăgăraşer Straße nach Bâlea Lac. Dort tranken wir ein Bier, tauschten Pfeffer gegen drei Brote ein, und dann machten sich die „Schafe" den Weg hinauf zum Calzun-See. Es war ruhiges Wetter. Am Ziel dann schneller Zeltaufbau, und anschließend begannen die Küchenaktivitäten: zuerst warmer Tee, dann warme Milch, anschließend Schokopudding und zum Schluß Kartoffelsuppe. Wunderschöner Sonnenuntergang.

23.8.89
Es regnete die Nacht hindurch. Dann aber Wetterbesserung. Wenig später fünf „Schafe" mit Gepäck in der Strunga Dracului, beim Aufstieg zum Negoi-Gipfel (2.535 Meter). Sehr schönes Erlebnis! Kaum waren wir oben, da zog es sich zu. Nach kurzem Abstieg wollten wir den Weg über das „Kirchendach" nehmen. Versuchten es zunächst auch. Das Wetter verschlechterte sich. Wir begegneten einer kleineren Gruppe, die hier in der Wand so ziemlich feststeckte. Ein Fräulein spendete gerade Tränenflüssigkeit. Die Moral dieser Truppe, die Kälte, kurze Hagelschauer und der andauernde Regen bewegten uns zur Umkehr. Also direkter Abstieg zur Negoi-Hütte. In der Cabana wurden wir gut aufgenommen. Abends gab es Suppe, Tee, Fleisch mit Kartoffeln, diverse Mengen Biskuits und irre tolles Pflaumenmus. Das alles war für uns nicht ganz billig. Ich bezahlte für alle zusammen 290 Lei. Eine große Gruppe rumänischer Studenten hatte uns bei der Ankunft Batterien abgekauft. Am Abend wußten wir warum. Mit einem kleinen Kassettenrecorder wurde hier in dem großen Speiseraum eine Disco abgehalten. Wir saßen an einem großen Fenster. Draußen trieb ein Unwetter sein Unwesen. Blitze zuckten durch die Dunkelheit und ließen Bergflanken aufleuchten. Der Kassettenrecorder leierte schon etwas, und wir diskutierten mit Pflaumenmus auf den Lippen.

24.8.89

Wir zahlten 200 Lei für die Unterkunft, und dann wurden die Ranzen geschnallt. Gestern abend haben wir uns schon geeinigt, daß sich heute die Wege trennen werden. Frank und ich wanderten weiter zum Lacul Avrig. Die anderen drei Burschen stiegen ab zur Bărcaciu-Hütte. Die Tour hatte ihren normalen Verschleiß (Durchfall, eine überaus schmerzende Zehe sowie psychische Leistungsgrenzen) gefordert. Das alles gaben wir den Absteigenden mit auf den Weg. Haben uns aber auf ein Wiedersehen in Michelsberg (Cisnădioara) bei Sibiu geeinigt. Frank und ich stiegen also wieder auf. Es ging über den Lacul Avrig (könnte auch Büchsensee heißen!) zur Suru-Hütte. Nach ausgiebiger Rast entschlossen wir uns noch zum Abstieg nach Sebesu de Sus. Ein ewiger Abstieg mit zügigem Schritt. Spätabends kamen wir unten an. Fragten eine alte Frau nach Wasser. Sie winkte uns auf den Hof des Hauses. Ein wunderschöner Bauernhof. Auf die Frage, wo wir hinter dem Ort zelten könnten, winkte uns der Gatte ins Haus und deutete mit dem Schlafsymbol (Albrecht Dürers „Betende Hände" an die Wange gedrückt) eine Übernachtung in der guten Stube an. Wir wurden auch gleich bewirtet mit Brot, Speck, Schafskäse und Tomaten. Unser Rumänisch war nicht gut, aber wir saßen noch bis tief in die Nacht beisammen und plauderten ausgelassen.

25.8.89

Wieder eine Nacht im Bett. Um 7 Uhr aufgestanden, Frühstück, herzlicher Abschied und dann mit einem Pferdewagen auf nach Sebeş Olt. Um 9 Uhr Abfahrt mit dem Zug nach Sibiu. Im Zug kamen wir mit einer Sachsenfamilie ins Gespräch. Egal, mit wem man redet, alle Rumäniendeutschen sind sehr unzufrieden und wollen das Land so bald als möglich verlassen. In Sibiu brachten wir unser Gepäck zum evangelischen Pfarramt. Dann gingen wir auf den Markt. Schließlich waren wir finanziell am Ende (bei dieser Umtauschbegrenzung). Aber wir waren vorbereitet! Pfeffer, ungemahlener Kaffee in kleinen Tüten, Filterzigaretten … Man hatte schon Erfahrung auf den rumänischen Märkten mit diesen Touristen. Und so half man sich gegenseitig. Frank verkaufte noch seine Uhr und den Kompaß. Ich hatte 300 Lei verdient und war so gut versorgt. Einmal rief irgend jemand beim Handeln „Polizia!" Es war wie eine gut inszenierte Theateraufführung. Alles strömte geschäftig auseinander, um nach kurzer Zeit rein zufällig wieder zusammenzutreffen. Nach einem Mittagessen und einem Stadtbummel machten wir uns dann mit vollem Gepäck auf nach Michelsberg. Auf halber Strecke nahm uns ein Auto mit. Wir besuchten dort erst einmal einen guten Freund. Im Frühjahr dieses Jahres haben die emsigen Michelsberger einen kleinen schnuckligen Campingplatz aus den Boden gestampft. Mit dem Platzwärter fanden wir schnell eine „nichtfinanzielle" Einigung. Abends waren wir wieder bei Freund Erwin. Wir lernten seine Familie kennen und wurden gut bewirtet. Nach diesem guten Essen und reichlich Țuică (sehr hochprozentig!!!) gingen wir wieder zurück zum Zeltplatz. Hier machten auch zwei deutschrumänische Familien aus Heltau (Cisnădie) Urlaub. Sie hatten sich Zelte und sonstiges Gepäck mit einem Pferdewagen herfahren lassen. Spät in der Nacht war noch richtig was los bei unseren Zeltnachbarn. Ich genoß die Stimmung und die rumänische Folklore, die irgendeinem Kofferradio entrann. Ich schlief wunderbar ein.

26.8.89
In der Nacht waren auch die anderen drei Wandersburschen eingetroffen. Heute gingen wir (mit Ausnahme von Frank) nach Sibiu. Auch die anderen mußten sich erst einmal wieder etwas Geld verdienen. Anschließend gingen wir in eine Kaffeebar, wo ich die herrlichsten Cremetörtchen meines bisherigen Lebens gegessen habe. Im großen Kaufhaus erstand ich dann zwei wun-

derbare Baumwollhemden (made in China). Um 19 Uhr ging ich dann wieder zu Erwin und seiner Familie und konservierte meine Magenwände.

27.8.89

Vormittags habe ich etwas die Gegend erkundet. Mittagessen bei Erwin. Habe die ganze Knoblauchtunke weggeputzt. Würde wohl reichen, um sämtlichen Vampiren dieser Erde den Garaus zu machen. Anschließend Inspektion von Erwins Garten. Schließlich habe ich mir noch die Michelsburg angeschaut. Ein herrliches Fleckchen Erde. Auf dem Rückweg zum Zeltplatz kam ich an einem schönen alten Bauernhaus vorbei. Der Hausherr restaurierte gerade den Feldsteinsockel. Ich mußte da einfach ein Lob loswerden. Das dauerte dann länger, denn ich wurde ins Haus geladen. Lange kein Ţuică mehr getrunken! Spät war ich im Zelt.

28.8.89

Besichtigungstour in Heltau (Cisnădie). Sehr interessante deutsche Wehrkirche dort.

29.8.89

Um 8 Uhr sind wir mit Sack und Pack mit dem Bus nach Sibiu. Schnell noch ins dortige Antiquariat. Wer hier kein Schnäppchen macht, ist selber schuld! Noch einmal Markt und Stadtbegehung und um 16.55 Uhr Abfahrt mit dem Zug nach Klein Kopisch (Copşa Mică) und dann weiter in Richtung Grenze. LA REVEDERE RUMÄNIEN !!!

Eine Wanderung im *Retezat* und erste Höhlentouren im Şureanu-Gebirge

Gestern um 14.14 Uhr startete der Zug von Berlin-Lichtenberg. Ich teilte das Schlafwagenabteil mit einem älteren Herrn. Er ist Agraringenieur und wohnt nahe dem Donau-Delta. Wir verstanden uns sehr gut. An den Grenzübergängen geht alles so locker ab, daß man sich fragt, wozu es diese überhaupt noch gibt? Heute nun kam der Zug in Simeria mit zwei Stunden Verspätung an. Das störte mich für kurze Zeit nicht, denn der Anschlußzug nach Subcetate geht ja erst in einer Stunde. Am Fahrkartenschalter klärte man mich auf. Natürlich, ich hatte ja die eine Stunde Zeitverschiebung nicht bedacht. Der Zug um 16.10 Uhr ist mir somit gerade davongefahren. So nahm ich den nächsten Zug und kam da auch gleich mit zwei charmanten Frauen ins Gespräch. Auch sie fuhren dann von Subcetate weiter mit dem Bus nach Haţeg. Die Jüngere der beiden Damen war aus Oradea und wollte hier ihre Oma besuchen. Es war schon spät, und ins Gura-Zlata-Tal würde ich es heute nun nicht mehr schaffen. Das Fräulein wollte mir ein Hotel zeigen. Zuerst jedoch brachten wir deren Gepäck zur Oma, welche in einem Neubauviertel wohnt. Die Oma saß mit einigen anderen Leuten vor der Haustür. Wo ich hinwill, wurde ich gefragt. In ein Hotel? Das muß nicht sein, gab mir ein jüngeres Pärchen zu verstehen. Ihr Untermieter ist ja gerade auf Reisen, und da sei doch wohl genug Platz für mich, denn sie hatten dessen Wohnungsschlüssel in Verwahrung. Noch lange, bis tief in die Nacht hinein, saß ich mit Dorin und Liliana beisammen. Wir redeten viel über die neuen Verhältnisse hier in Rumänien. Irgendwann lag ich im Bett meiner „eigenen" Neubauwohnung in Haţeg.

29.8.90
Früh ließ ich mich wecken und bekam noch ein deftiges Frühstück gereicht. Um 6.15 Uhr brachte mich Dorin zum Busplatz.

Mit einem Arbeiterbus fuhr ich in Richtung Gura-Zlata. Das Tal war malerisch. Immer steiler wurden die dicht bewaldeten Berghänge. Schließlich trampte ich noch ein zweites Stück mit einem LKW direkt bis zur Cabana Gura-Zlata und machte dort eine zweite Frühstückspause. Dann endlich begann der Aufstieg. Die lange Strecke hinauf durch die Waldzone war besonders mühsam. Sozusagen eine von den Strecken, wo man sich fragt: „Warum, verflucht noch mal, mache ich das überhaupt?" Über der Waldgrenze bot sich ein überwältigender Anblick auf das Țarcu-Gebirge. Mein Gemüt war wieder besänftigt. Dann irgendwann: geschafft. Ich stand auf einem kleinen Paß oberhalb des Lacul Zănoaga. Ein wunderschöner kreisrunder Bergsee. Gelegen in einer Höhe von 1.997 Metern (Tiefe: 25 Meter). Feierabend, Junge! Hatte vorhin da irgend jemand den Sinn dieses Aufstiegs angezweifelt? Blödsinn! Nach kurzem Abstieg errichtete ich mein Zelt am See. Auf der anderen Seite war eine kleine Stâna (Hirtenhütte). Kühe hütete man hier oben. Auch ca. 20 Pferde genossen an diesem Ort für zwei bis drei Monate die Freiheit. Einige Fohlen waren darunter. Nach später Kaffeezeit ging ich hinüber zu den Hirten und tauschte Zigaretten gegen eine richtige Käsekugel ein. Dazu bekam ich gratis noch Zwiebeln und Knoblauch gereicht. Gegen 17 Uhr kamen noch zwei Wanderer des Wegs. Auch sie schlugen hier ihr Zelt auf. Dorin und Florin luden mich zu einem gemeinsamen Abendbrot ein. An einem Lagerfeuer plauderten wir bis tief in die Nacht. Es war ein wunderschöner Sternenhimmel. Dorin war 42 und Florin 21 Jahre. Wir verstanden uns von Beginn an phantastisch.

30.8.90

Gegen 3 Uhr in der Frühe lärmte es auf der anderen Seite vom See. Hunde bellten, die Hirten schlugen mit was auch immer auf ein Blech ein. Dafür gab es nur ein Indiz: Urs – der Bär – trieb sein Unwesen. Irgendwann schlief ich wieder ein. Gegen 9 Uhr erwacht. Dorin und Florin sonnten sich schon. Sie hatten beschlossen, noch einen Tag hier zu verweilen. Sozusagen zum Ausspannen. Denn ihre Tour endet mit dem Abstieg in das Gura-Zlata-Tal. Wir saßen gerade beim Frühstück, da kam ein Hirte mit einem Eimer Milch zu uns. Natürlich interessierte uns, was denn des Nachts da los war. Ein Bär wollte eine Kuh reißen. Die hat er auch kurz am Hinterschenkel erwischt, schließlich ist sie im See ersoffen. Aber das sei ja Vieh von der Kollektivwirtschaft, so daß keine Familie einen direkten Schaden erlitt. Nach dem Frühstück machte ich dann eine ausgiebige Rundtour in diesem Bergkessel. Eine sehr schöne Flora findet man hier noch vor. Besonders da, wo das Weidevieh nicht hinkommt. Gegen 16 Uhr war ich wieder am Zelt. Kaffeezeit und sonnen am See. Abends plauderten wir wieder lange am Lagerfeuer. Dorin und Florin sind übrigens aus Pui. Das ist witzig, denn dort sollte in einigen Tagen meine Retezat-Tour enden. Dorin lud mich ein in sein Haus. Ich sagte zu, konnte aber nicht genau sagen, an welchem Tag. Das sei egal. Wenn ich da bin, bin ich da. So ist das hier eben.

31.8.90

Gegen 10 Uhr erwacht und gespeist. Dann wurden die Säcke geschnürt. Meine Freunde stiegen ab nach Gura-Zlata, und ich ging zum Bucura-See hinüber. Es ist der größte See im Retezat-Gebirge. In drei Stunden war ich da und baute mein Zelt nahe der Salvamonthütte auf. Die Jungs dort boten mir gleich einen Kaffee an, und am Abend war ich zu Suppe, Tee und Wein geladen. Die Nacht wurde sehr kühl.

1.9.90

Heute machte ich eine Tour mit kleinem Gepäck über den Bucura 2 (2.372 Meter) und Bucura 1 (2.439 Meter), zum Vf. Retezat (2.485 Meter). Ich hatte eine ausgezeichnete Sicht. Auf dem Gipfel des Vf. Retezat verweilte ich lange Zeit. Besonders der Blick in

Richtung Godeanu und Țarcu löste in mir große Neugierde aus. Was da wohl alles in Zukunft noch auf mich wartet? Um 16.30 Uhr war ich wieder am Zelt. Ganz in meiner Nähe hatten inzwischen zwei junge Herren aus Alba Julia ihr Zelt errichtet. Abends kamen wir ins Gespräch.

2.9.90

Um 10 Uhr erwacht. Waschen, Frühstück und dann auf zur nächsten Rundwanderung. Vf. Judele (2.410 Meter), Vf. Slăveiul (2.346 Meter), runter ins Tal des Lăpușnicul Mare. Dann bin ich am Bucura-Bach wieder hinaufgehangelt. Wunderschöne Pflanzenwelt hier. Dann weiter hinauf zum Lacul Lia, Lacul Ana, Lacul Viorica und Lacul Florica und schließlich zurück zum Bucura-See. Besonders am Lacul Lia, Ana und Bucura stören einen die weggeworfenen Flaschen, Plastiktüten und Konservendosen in der sonst so einzigartig schönen Landschaft. Am Abend zogen Wolken auf, und es wurde sehr kalt. Die Jungs von der Salvamontgruppe luden mich zum Kaffee ein.

3.9.90

Die Nacht war irre windig. Ich überstand sie recht gut, nur daß mir bei jedem Windstoß bei meinem einwandigen Zelt das Schwitzwasser um die Ohren flog. Aber da gibt es weiß Gott Schlimmeres. Es war recht diesiges Wetter, aber ich machte noch einmal einen Spaziergang zur Poiana Pelegi. Ein rumänisches Pärchen kam mir entgegen. Der Mann hatte eine Axt dabei und frug mich, ob es hier oben Bären gebe. Die wären am Tage wohl eher hier unten in den Bergwäldern, sagte ich und löste bei den beiden eine gewisse Ratlosigkeit aus. Die begannen nun zu diskutieren, ob sie ihr Zelt nicht eher oben am Bucura-See stationieren. Sollte ich vielleicht noch die Bärenstory vom Zănoaga-See erzählen? ... Ich schlenderte weiter. Der Regen wurde stärker, und ich ging zum Zelt zurück. Ein weiteres Zelt stand nun in meiner Nähe. Es war ein älterer Herr mit seiner Tochter und den zwei kleinen Enkelkindern (vielleicht acht und zehn Jahre). Das Zelt war ein eigentümliches Rundzelt mit nur einer Stützstange in der Mitte. Es war lebhaft darin. Der Wind wurde wieder stärker, und schließlich riß das eigentümliche Rundzelt genau oben an der Aufhängung ein. Aber der Stimmung tat das da keinen Abbruch. Alle lachten. Der Alte kroch im Regen heraus und umnähte zuerst den eingerissenen Stoff. Dann machte er aus zwei Deckeln alter Konservendosen eine Art Unterlege- und Abdeckscheibe. Eine Stunde dauerte das, und dann waren alle wieder im Zelt vereint. Plötzlich hektisches Treiben bei der Salvamontgruppe. Ein Kollege hatte beim Kontrollgang am Peleaga-Gipfel Hilferufe gehört. Zwei weitere Helfer machten sich also sofort auf den Weg. Zwei deutsche Wanderer hatten sich bei der schlechten Sicht am Peleaga vertan und sind so blöd in die Wand geraten, daß sie nicht mehr vor und nicht zurück kamen. Die Jungs von Salvamont haben sie befreit, und einer von denen brachte die beiden Deutschen noch bis Cabana Pietrele. Am Abend wurde das Vorkommnis bei einem ordentlichen Țuică ausgewertet. Alle lachten über das beträchtliche „Echipament" der Deutschen, die ja ihre Zelte bei Cabana Pietrele stehen hatten. Als wollten sie in den Himalaja oder so. Als man sich dann noch erzählte, daß der eine Deutsche die Frage stellte, ob man mit dem Auto auch bis Poiana Pelegi gelangt, weil das hier ja so unendliche Weiten sind, da lachten sich alle halb zu Tode. Zugegeben, ich auch.

4.9.90

Auch jetzt am Morgen hielten Wind und Regen an. Gegen 10 Uhr hörte der Regen auf, und ich war wieder am Abstieg zur Poiana Pelegi. Dann bin ich rüber zur Cabana Buta. Einige Wanderer warteten hier unentschlossen auf Wetterbesserung. Nach einem Tee und Waffeln ging ich zurück zum Bucura-See. Schon ab Poiana Pelegi wurde es immer regnerischer. Oben angekommen, nichts wie rein ins Zelt und eine warme Suppe bereitet. Am Abend plötzlich klarte der Himmel auf. Ich entschloß mich spontan zu einer Wanderung zum Peleaga-Gipfel (2.509 Meter). Oben angekommen, erlebte ich einen gigantischen Sonnenuntergang. Dann schnell noch oben lang zur Curmătura Bucurei, und kurz vor Einbruch der Dunkelheit war ich wieder am Zelt. Die zwei Rumänen aus Alba Julia sind inzwischen mit Sack und Pack abgestiegen. Aber zwei Ungarn-Rumänen (aus Târgu-Mureş) haben hier mittlerweile neu Quartier bezogen. Laszlö, der eine von denen, sprach sehr gut Deutsch.

5.9.90
Nebel, Wind und Nieselregen den ganzen lieben Tag lang. Mit Laszlö habe ich lange im Zelt geplaudert. Am Abend waren wir mit den Jungs von der Salvamontgruppe zusammen. Die verbrachten heute hier oben ihren letzten Tag. Morgen steigen sie mit allem Gepäck und Gerät über Buta nach Lupeni ab. Die Saison ist für sie hier oben zu Ende. Fast alles, was eß- und trinkbar war, wurde noch vor Ort „verschluckt".

6.9.90
Ruhetag am Bucura-See. Das Wetter gebietet es. Ruhig ist es geworden, seitdem die Salvamontgruppe abgestiegen ist. Die beiden Ungarn-Rumänen wollen am nächsten Tag, so es das Wetter erlaubt, ebenfalls in Richtung Pui wandern.

7.9.90
Diese letzte Nacht hier oben hat uns richtig „eingeheizt". Minusgrade herrschten vor. Bereits in tiefster Nacht wurde ich wach, als sich meine beiden Zeltnachbarn warm hüpften. Das war aber eher ein Akt der Selbstironie. Hat mir gut gefallen, hoher Unterhaltungswert sozusagen. Nun, jedenfalls haben wir diese Nacht

gut überlebt. Meine sonst mit Schwitzwasser benetzten Zeltwände waren steif gefroren. Was wollte ich mehr, ich hatte jetzt eine „feste" Unterkunft. Auch die kleineren Tümpel oberhalb unserer Zelte waren zugefroren. Aber dafür war heute strahlend blauer Himmel. Gegen 10 Uhr gingen wir des gemeinsamen Wegs. Zuerst hinauf zum Peleaga-Gipfel. Das Gestein hier war vereist, und man mußte sehr aufpassen. Oben genossen wir die herrliche Sicht. Dann stiegen wir hinüber zum Vf. Păpușa (2.500 Meter). Von dort hatten wir schon einen schönen Einblick ins Tal des Râu Bărbat. Weiter führte der Weg über den Vf. Păpușa Mică (2.370 Meter), und dann folgte auch bald der Abstieg nach „Stâna de Râu". Dort ist eine Stâna und eine Jagdhütte. Lange dauerte der Abstieg in dieses wunderschöne Endtal. Ich habe es spontan zu meinem vorläufigen Lieblingstal erkoren. Das Jagdhaus ist leer. Die Hirten meinten, wir sollen nur hineingehen. Wir heizten den Ofen an und richteten uns ein. Dann begannen wir zu kochen, was das Zeug hielt. Spät erst begaben wir uns in die „Betten". Draußen wüteten kräftige Fallwinde, und das Haus knarrte an allen Ecken. Idealer Schauplatz für einen Geisterfilm.

8.9.90

Gegen 2 Uhr in der Nacht wurde es laut. Stimmen waren zu hören. Vier Jäger kamen hinein und mußten sich nun die zweite Kammer mit zwei Liegen teilen. Aber hier ist man eben kulant und macht sich gegenseitig keine Probleme. Mit dem ersten Sonnenstrahl sind die Jäger dann wieder fort. Wir brachen gegen 10 Uhr auf in Richtung Cabana Baleia. Ein wunderschöner Wanderweg. Fast hätten wir uns verlaufen, und das kurz vor der Cabana. Aber das Schicksal war uns gnädig gestimmt. Gegen 16 Uhr hatten wir dort Quartier bezogen und machten ein Picknick auf der Stube. Draußen zogen sich die Wolken zu. Dennoch machten wir hier noch eine kleine Rundtour. Abends im Gastraum ließen wir uns von der Köchin ordentlich etwas zubereiten.

9.9.90

Gegen 10 Uhr brachen wir auf nach Pui. Anfangs war der Weg sehr schön. Aber in der Tiefebene war das Laufen nur noch eine Notwendigkeit. Es fuhr auch kein Fahrzeug nach Pui, und so bewältigten wir alles „pe jos". Auf dem Bahnhof in Pui hatten die zwei Freunde auch gleich einen Anschlußzug. Wir verabschiedeten uns, und ich begab mich auf die Suche nach Dorins Haus. Das war nicht weit vom Bahnhof. Ich klingelte, und gleich kam mir ein kleiner, schwarzer, dicker, bellender Hundemops namens „Fetiţia" (= kleines Mädchen) entgegen. Nachdem Fetiţia mir ordentlich eingebellt hatte, kam Ani (Dorins Frau) und öffnete das Tor. Wir begrüßten uns, und ich wurde ins Haus geleitet. Dann kam auch Dorin, welcher für eine Weile „Fetiţia" unter Kontrolle halten mußte. Ja, irgend etwas wollte die sicher von mir? Doch nach etwa einer Stunde verstanden wir uns prima, und ich durfte Streicheleinheiten verteilen. Mittlerweile waren auch die zwei Söhne (Gerlu und Doruţu) der Familie eingetroffen. Dann gingen wir zu Tisch. Wenn jetzt noch einer denkt, die Wandertour von Baleia nach Pui war anstrengend gewesen, der irrt. Jetzt machte ich die Erfahrung, daß Essen noch anstrengender als Wandern sein kann. Ani tischte auf, was das Zeug hielt. Ich hätte mitschreiben sollen. Was gab es zuerst? Brot, Speck, Käse, Tomaten? – Oder war es die Ciorbă (Suppe)? – Ach nein, ich glaube, diese gebratenen Schnitzel gab es zuerst! – Oder etwa die Eierkuchen mit den eingerollten Blaubeeren? – Nein, der Kuchen und diese irren Törtchen waren es. – Oh, wie konnte ich mich irren, es gab diese Pasteten zu Beginn. Ach ja, zum Schluß gab es ja noch Mămăligă. Aber wie auch immer, zwischen jedem Essen gab es einen überaus starken Ţuică. Hier und jetzt machte ich eine der wichtigsten Erfahrungen, die für einen guten Gast lebenswichtig sind. Du kannst das alles hier nicht essen, ohne zu trinken und du kannst soviel nie trinken ohne das viele Essen. Spricht man da etwa schon von einem Suchtverhalten? Spätnachts im Bett hatte ich das Gefühl, zu zweit zu sein. Aber es war wirklich nur mein Körper, der darin lag.

10.9.90

Schon im Retezat-Gebirge hatte mich Dorin ganz neugierig auf Höhlen gemacht. So gingen heute Dorin, Gerlu, Doruţu und ich nach Ohaba Ponor. Zuerst besuchten wir die Peştera Lui Cocolbea (Peştera = Höhle). Ein wunderbares Eingangsportal erwartete uns. Wir hatten Glück, aus dem oberen Geschoß der Höhle stürzte kein Wasserfall. Doruţu stieg vor, und wir folgten am Seil. Nach dieser schönen Tour besuchten wir die Peştera Şura Mare. Man muß durch ein Bauerngehöft. Von dort aus geht es durch eine kleine Schlucht zum Höhleneingang. Diese Höhle ist 4.500 Meter lang. Aber ohne Ausrüstung ist da nichts zu machen. Nach ca. 70 Metern geht es nur noch durch eiskaltes Wasser. Ein kleines Schlauchboot wäre sehr hilfreich. Am Abend dann wieder eine ausführliche kulinarische Expedition.

11.9.90

Heute waren Dorin und ich zuerst in Hunedoara. Unser Ziel war das dortige Kastell. Sehr beeindruckend. Allerdings hat Hunedoara ganz andere Superlativen zu bieten. Das dortige Stahlwerk ist der blanke Wahnsinn, und es prägt die Stadt, mit allen Konsequenzen. Schließlich sind wir zurück nach Deva. Zuerst hinauf zur Burgruine über der Stadt. Schöner Ausblick. Anschließend gingen wir auf Besuch zu Anis Schwester, welche direkt im Stadtzentrum wohnt. Sehr spät waren wir wieder in Pui. Abendessen gegen 3 Uhr in der Frühe.

12.9.90

Heute ging es sehr zeitig auf Wanderschaft. Höhlen standen auf dem Programm. Dorin, seine zwei Söhne, meine Wenigkeit und ein weiterer junger Mann aus dem Dorf wanderten in Richtung

Ponoricilor ins Şurean-Gebirge. Unser fünfter Mann war der einzige, der von einer noch unbekannten Höhle wußte, die nicht unweit von Ponoricilor liegt. Einen dicken Ledergürtel (wie ihn die Hirten tragen) und Karabinerhaken hatten wir dabei. Wir liefen ewig. Gegen 15 Uhr waren wir endlich am Ziel. Ein kleines Tal, in dem ein Bächlein in das Talende hineinfließt und kurz vor einer Felswand in der Erde verschwindet. Wo war nur die Höhle? Genau unterhalb der Felswand lag ein viereckiger Betonblock in einem Loch verkantet. Nun suchten wir ein stabilen Baumstamm und legten den Hirtengürtel um den Betonblock. Nach mehreren Versuchen konnten wir den Block ausheben. Eine kleine Öffnung lag vor uns. Das sollte die tolle Höhle sein? Unser fünfter Mann stieg als erster ein, und ich folgte als zweiter. Wir krochen eine S-Kurve entlang. Fels am Bauch und Fels am Rücken. Unheimliche Situation. Es folgte ein größerer Hohlraum. Dort sammelten wir uns. Dann wieder eine enge Passage. Eine weitere folgte. Ein senkrechtes Loch sozusagen, in das man sich nur hineingleiten lassen kann und erst einmal nichts unter den Füßen findet. Dann hatte ich doch einen Halt. Es folgte ein steiler Abstieg über eine wackelige Eisenleiter, die recht schmal und beweglich war. Irgendwelche Höhlenforscher müssen die zurückgelassen haben. Schließlich befanden wir uns in einer riesigen Galerie, die stets bergab führte. Und hier erwarteten uns die wunderschönsten Kalkformationen. Man könnte glauben, daß der Teufel wohl eher im Himmel sitzt, von so göttlicher Gestalt ist das alles hier. Riesige Gesteinsbrocken versperren oft den Weg. Immer wieder Umwege, um weiter hinab zu gelangen. Ein Wasserfall ist schon von weitem zu hören. Dann kommen wir daran vorbei. Wunderbar. Irgendwann sind wir am Ende angelangt und müssen wieder zurück. Der letzte Teil mit seinen engen Passagen war wieder sehr anstrengend. Wir haben uns einmal in einem engen Kamin verstiegen. Es war der falsche. Alles wieder zurück. Wieder hoch, nun waren wir richtig und erblickten irgendwann das Tageslicht. Viereinhalb Stunden dauerte die Tour. Unsere Sachen waren voll eingemoddert. Anschließend besuchten wir noch die Peştera Ciclovina. Eine Höhle, in der zu Zeiten des Ersten Weltkrieges Phosphor für die Deutschen abgebaut wurde. Unmengen von Knochen findet man hier. Interessant auch die oft rötlichen Färbungen in dieser Höhle. Aber es war wohl an der Zeit zum Rückmarsch. Die Dunkelheit ist allmählich über uns gekommen. Es begann zu regnen. Die Pfade waren lehmig und matschig. Im Schein der Taschenlampen stapften wir noch über viele Kilometer zurück nach Pui. Was für eine Tour!!!

13.9.90

Ruhetag!!! Dorins Jungs schliefen den ganzen Tag. Aber gegessen wurde wieder sehr ordentlich.

14.9.90

Heute habe ich mich in Pui verabschiedet, und ein Wiedersehen ist allemal ausgemacht. Ich bin nach Sibiu gefahren. Ani hat mich mit allerlei Köstlichkeiten eingedeckt. Um 14.27 Uhr dann Ankunft in Sibiu. Zuerst machte ich mich auf zum Campingplatz. Für vier Nächte zahlte ich 35 DM. Rundgang durch die Stadt.

15.9.90

Heute plante ich einen Besuch im Zigeunerdorf Prislop. Vor zwei Jahren war ich schon einmal dort. Aber mein mitreisender Kollege damals legte keinen Wert auf einen allzu langen Aufenthalt hier. Mich interessierte das allerdings sehr. Es ging erst mit der Straßenbahn nach Răşinari. Dort geht ein unscheinbarer Feldweg hinauf nach Prislop. Ich war kaum am Dorfeingang, da fragten mich vier Kinder schon nach „Gumma". Ich gab ihnen welche, und wie durch Zauberei waren es nun bereits über zehn Kinder, die an meinem Beutel zerrten. Nun kamen auch die Alten, und schon hatte ich einen regelrechten Auflauf fabriziert. Im Prinzip war das ja eh unvermeidbar. Mit drei Müttern kam ich schnell ins Gespräch und bot ihnen an, auch ein Familienfoto zu machen. Nun kam langsam Kontrolle in die Situation. Die Mütter sorgten jetzt für Ordnung. Zuerst ging ich zu einer Familie. Je ein Kind der anderen Familien begleitete uns. Die erste Familie hatte fünf Kinder und wohnte in einem Schuppen, der nur aus einem einzigen Raum bestand. Viele Sachen waren in einer mit Plastiktüten abgedeckten Kiste vor der Hütte verstaut. Ich machte Fotos nach Wunsch, und wir tauschten die Adressen. Dann ging ich zur nächsten Familie. Eine ihrer Hauptbeschäftigungen war die Besenbinderei. Diese verkaufen sie dann auf dem Markt in Sibiu oder bei den Bauern in der Umgebung. Schließlich ging ich zu einer dritten Familie. Hier war ich eingeladen zum Mittagbrot. Es gab gekochtes Huhn ohne Salz und alles. Aber ich aß mit. Es war ein großer Wunsch, mit diesen Menschen in Kontakt zu kommen. Vielleicht kann ich ja mit den gemachten Bildern etwas Hilfe organisieren. Spätabends war ich am Zelt und mußte alles noch einmal richtig verarbeiten.

16.9.90

Ich machte mich auf nach Heltau (Cisnădie) nahe Sibiu. Ich wollte hier Freunde besuchen und hatte mich in einem Brief vorher angekündigt. Konnte mich aber auf keinen genauen Tag festlegen. Nach Heltau bin ich getrampt. Meine Freunde, die Janiks, traf ich an. Mit einer zweiten Familie hatten sie einen Ausflug ins Grüne organisiert, und ich war herzlichst eingeladen. Also los. Maria gab mir zu verstehen, daß sie in etwa einem Monat nach Deutschland übersiedeln würden. Wir hatten einen sehr schönen Nachmittag. Abends gab mir Maria noch Speck und andere Köstlichkeiten mit auf den Weg. Würden wir uns je wiedersehen?

17.9.90

Heute bin ich in die Stadt. Ich besorgte mir erst einmal die hiesige deutsche Zeitung der Sachsen. Dann bin ich zum Markt.

Immer wieder ein Erlebnis, dieses Treiben dort. Schließlich gönnte ich mir im „Römischen Kaiser" ein Mittagessen. Mit am Tisch saß ein Sachse aus Mediaş. Wir sprachen über das „Zigeunerproblem", die Rentenversorgung, die Wirtschaft und daß er auch bald in den Westen geht.

18.9. bis 20.9.90

Am 18.9. bin ich mit dem Zug nach Cluj-Napoca zu Freunden gefahren. Eine wunderbare Familie. Die Eltern sind beide Geologen und haben zwei aufgeweckte kleine Töchter. Abends bin ich mit Robert durch den botanischen Garten von Cluj spaziert. Den nächsten Tag habe ich dann alle Buchläden der Stadt durchstöbert.

Am 20.9. um 7.30 Uhr Abfahrt mit dem Zug nach Berlin. Ein Abschied, der weh tut!

Durchs Wassertal und Rodna-Gebirge (1991)

12.6.91

Gestern um 0.41 Uhr Abfahrt von Berlin-Lichtenberg mit dem Balt-Orient-Express. Heute früh um 2 Uhr Ankunft in Cluj. Um 6 Uhr Weiterfahrt nach Vişeu de Jos (ab Salva begann eine wunderschöne Landschaft) und von dort zügiger Anschluß nach Vişeu de Sus. Der erste Gang ins Vaser mit vollem Gepäck war wie immer beschwerlich. In Valea Peştilor nahm ich dann den Abzweig rechts über die Brücke in das Valea Scradiei. Schließlich hatte ich hier eine Verabredung. Schon im letzten Jahr hatte mich der Preot Luţai Vasile in sein Haus eingeladen. Ja und das *Wassertal* war bereits geraume Zeit ein Reisewunsch von mir. Das Haus von Luţai Vasile steht gleich gegenüber der kleinen Dorfkirche. Seine Frau und zwei seiner Kinder winkten mich sogleich ins Haus. Er selbst war noch in Cluj und würde erst am Abend zurückkommen. Nun gab es ein deftiges Mittagbrot und Ţuică. Anschließend haben mich die Kinder zu einer Wanderung in die nähere Umgebung eingeladen. Auf einem Berg oberhalb des kleinen Dorfes genossen wir den Weitblick und knabberten an frischem Zwiebellauch. Abends kam Luţai und begrüßte mich mit den Worten „Grüß Gott". Sein Deutsch ist mittlerweile sehr gut. Spät noch inspizierten wir seine private Bibliothek. Wohl über 4.000 Bücher zählt er zu seinem Bestand.

13.6.91

Heute wollte ich mal ein Stück im Wassertal hinaufspazieren. Bei den ersten Zipserdeutschen blieb ich dann aber hängen. Ein älteres Ehepaar und deren Enkeltochter waren zugegen. Nach einem kurzen Gespräch wurde ich ins Haus gebeten. Zu einem verfrühten Mittagessen gab es irre guten Wein. Natürlich interessierte ich mich auch für das Gehöft, und wir inspizierten Kuh und Schwein. Es war ein warmer sonniger Tag, und so begaben wir uns am Nachmittag mit zwei Decken auf die wunderschöne Blumenwiese hinter dem Haus. Der Alte war von Beruf Lokführer im Wassertal, ist aber schon einige Jahre in Pension. Die Alte war und ist von Beruf Chef des Hauses, und ihre üppige Figur betonte diese Rolle ungemein. Ein Ukrainer kam vorbei und grüßte. Die Alte erzählte, daß das ihr Nachbar sei. Nicht unbedingt ein schlechter Mensch, aber daß er sein Grundstück jetzt so umfassend eingezäunt hat, schien Probleme zu bereiten. Denn nun muß die Alte mit ihrer Kuh zur Bergwiese immer jeden Tag einen großen Umweg machen. Na, und sehr temperamentvoll sei er eben. Von der Erzählweise kam das Ganze so mehr negativ rüber, bis, ja bis der Ukrainer sich mit einer Flasche Wein zu uns gesellte. Da war er dann schnell positiv gesehen. In der Tat war dieser Ukrainer ein hochgewachsener Recke um die Vierzig, und wenn er von einer Unstimmigkeit mit irgendeinem Mitmenschen erzählte, so bot sich bei diesem Temperament ein richtiges „Einmannkasperletheater" an. Gegen 17 Uhr verabschiedete ich mich dann und blieb auf dem Rückweg zu meiner Gastfamilie bei einer Ukrainerfamilie stecken. Wieder wurde ich in das Haus geladen und machte einige Fotos von der Familie. Der Vater arbeitet im großen Holzkombinat, und daheim fertigt er privat so allerlei aus Holz für die Leute aus der Umgebung. Darunter auch wunderschön geschnitzte Gardinenstangen. Gegen 19 Uhr war ich dann wieder bei Luţai und erzählte ihm, woher wohl seine Gardinenstangen waren. Alle lachten.

14.6.91

Heute machten Luţai, seine kleine Tochter und ihre Freundin Flora sowie ich eine Bergtour in die Umgebung. Gegen Mittag bereiteten wir ein Feuer und grillten darüber Speck am Spieß. Dann wanderten wir weiter zu einer Stâna (Schäferhütte). Ich fotografierte eine prächtige Kreuzotter. Bei der Stâna bereitete uns ein Hirte Mămăligă. Na, satt waren wir danach. Und hier entwickelte ich auch meine Theorie, daß Jesus damals die 3.000 Menschen nicht etwa mit einem Stückchen Brot satt gemacht hat (das würde ja nie reichen), sondern mit Mămăligă. Na, wer weiß, vielleicht wird das Bibelzeugs noch mal neu geschrieben. In der Dämmerung begaben wir uns auf den Rückmarsch. Ein wunderschöner Spaziergang heute.

15.6.91

Luțai bat mich, noch zu bleiben. Morgen käme sein ältester Sohn aus Bukarest. Er studiert dort am Theologischen Seminar. Nun gut, so wurde der heutige Tag zum „Spieltag" erklärt. Mühle, Schach und Fußball, wir spielten wie die Irren. Wie alt war ich doch gleich? Spätabends klopft es an der Tür. Eine Gruppe aus Vișeu de Sus ist samt Kind und Kegel hinaufgekommen, um (unangemeldet) hier und jetzt in der Kirche den Bund der Ehe zu schließen. Es war schon ein älteres Pärchen. Luțai zog sich seine „Dienstbekleidung" über, und los ging es. Ich nahm natürlich daran teil und machte noch einige Fotos. Zwei Stunden etwa dauerte die Prozedur, und mittlerweile war es kurz vor Mitternacht. Luțai leistet hier einen wirklich schweren Dienst. Ganz nebenbei organisiert er ja hier noch den Bau einer Wallfahrtskirche, in traditioneller Bauweise, oberhalb des Dorfes. Der Rohbau ist bereits vollendet.

16.6.91

Heute war Sonntag, und wir gingen um 11 Uhr zur Liturgie in die Kirche. Es dauerte zweieinhalb Stunden und hat mich doch sehr beeindruckt. Es war gut, dabei Luțais ältesten Sohn an meiner Seite zu haben. So brauchte ich nur all das zu machen, was er tat. Anschließend gingen wir rüber zur Schule. Auch da war heute ein großer Tag, denn die Kinder bekamen ihre Zeugnisse. Eine Folkloregruppe spielte auf. Was für ein Trubel! Viele haben sich ihre Volkstrachten angezogen.

17.6.91

Nun hieß es Abschied nehmen von Luțai und seiner wunderbaren Familie. Früh brach ich auf und wartete dann auf die alte Forstbahn am kleinen Bahnhof in Valea Peștilor. Die Dampflok ließ aber auf sich warten, denn sie hatte einen Defekt. Schließlich nahm mich eine Draisine mit. Das war so ein umgebauter Kleinbus auf Schienen. Ich kam mit einem Bergbauingenieur ins Gespräch, der sehr gut Deutsch sprach. George hieß er. Er wollte gerne einmal Deutschland besuchen, aber er hat ja keine Freunde dort. Ich bot mich an. Wir einigten uns schnell. Während ich in den Bergen unterwegs bin, kann George seine Personalien ja schon mal zu meinem Freund Robert nach Cluj schicken, wo ich noch am Ende meiner Reise vorbeischauen würde. George bot mir eine Unterkunft in der Bergarbeiterstation in Ivășcoaia an. In seiner Stube sei ja noch ein Bett frei. Natürlich sagte ich zu und fuhr so zwei Stationen weiter. Gegen 11 Uhr war ich dort einquartiert und begab mich auf eine ausgedehnte Wanderung mit kleinem Gepäck. Ich wanderte das Tal weiter hinauf und kam durch Coman. Hier ist eine Kaserne für die Grenzsoldaten. Aber es war kaum einer zugegen. Ein Soldat schlief im Gras, und ein anderer hütete einige Kühe. Wir grüßten uns, und ich lief weiter. Dann kam die Wendeschleife der Forstbahn. Nun war der Vaser auch bald nur noch ein Bach. Ziemlich weit oben verlor sich der Forstweg ins Nichts. Ein Gewitter zog vorüber, und dann lachte wieder die Sonne. Hier war kein Weiterkommen. Also ein Stück zurück und ein anderen Weg rechts eingeschlagen. Ich wollte doch mal der Grenze einen Besuch abstatten. Denn die verläuft auf sehr schönen Bergkämmen des Maramureș-Gebirges. Von weiter oben pfeift ein Hirtenjunge. Ich grüße, und er winkt mich hinauf. Ich solle mitkommen, deutete er an, und da die Richtung stimmte, tat ich das auch. Wege gab es hier eh keine mehr. Wir kamen an eine Stâna. Der Vater des Jungen war gerade mit der Käsezubereitung beschäftigt. Man lud mich zum Mittagbrot ein.

Frischer Schafskäse, Brânză, Mămăligă und Milch. Dann erkundigte ich mich nach dem Aufstieg zur Grenze. Der Hirte zeigte gerade hinauf. Ich ging es an. Ein Stück zwängte ich mich durch dichte Krüppelkieferbestände, und dann kamen Zaunreste (vermoderte Holzstumpen und verrosteter Stacheldraht). Das war alles Material auf rumänischer Seite. Dann auf dem Kamm sah ich die ukrainische Grenze. Ein Überbleibsel der Sowjetunion. Ein großer Metallzaun, dahinter ein geharkter breiter Sandstreifen und patrouillierende Soldaten. In gebührendem Abstand wanderte ich auf rumänischer Seite entlang. Unmengen von Wildschweinen mußte es hier geben. Spuren, wohin man schaut. Keine Frage, der rumänische Grenzverlauf gehört eindeutig der Natur und weckt viele Sympathien. Ich wunderte mich überhaupt, es gab hier oben in diesem Abschnitt keine Wege, die nach unten führten. Schließlich war es mit der Orientierung hier nicht schwer, und ich stieg schnurstracks zu später Stunde durch den Wald hinab. Direkt in Coman kam ich wieder heraus. Nun waren viele Soldaten zugegen, und ein Offizier wollte wissen, wo ich war. Bei der Grenze, so gab ich zu verstehen. Nach der Legitimation wurde ich gefragt. Ich verwies auf Informationen, daß man hier oben durchaus wandern dürfe, und der Offizier gab sich dann kulant. Noch ein wenig Plauderei, und ich wanderte nach Ivășcoaia zurück. Mit den Mineris kam ich abends ins Gespräch über den hiesigen Bergbau. Prompt bekam ich für den nächsten Tag ein Angebot, in den Stollen mit einzufahren. Phantastisch!!!

18.6.91

Am Vormittag machte ich eine kleine Wanderung abwärts des Valea Vaser. Um 12 Uhr war ich zurück und machte mich auf zur Mine. Die Zeit war günstig, und ich konnte auch gleich mit einer Brigade in den Stollen einfahren. Ich bekam ein Ehrenplatz auf der eh schon kleinen Diesellok. Zweimal entgleiste eine der mit Zement schwer beladenen Loren. Aber die Mineris hatten das immer wieder schnell im Griff. Dann an einer Stelle wurden die Loren mit dem Zement abgekoppelt, und die Bergarbeiter begannen mit dem Ausspritzen der in den Stein getriebenen Stollen. Zementstaub machte sich breit. Was für ein schwerer und vor allem ungesunder Job. Die Leute schindern hart. Die Lok fährt mit einigen leeren Loren noch weiter in den Berg hinein. Dann halten wir an einer Art unterirdischer Kranstation. Hier wird ein Aufzug für einen sogenannten „freien Schacht" betrieben. Dieser Schacht verläuft senkrecht in die Tiefe und hat einen Durchmesser von ca. fünf Metern. Durch die Kranstation wird „blind" der Förderkorb betrieben. Über eine große Meßanzeige sieht der Maschinist die aktuelle Tiefe des Förderkorbes. Gegenwärtig ist der Schacht über 80 Meter tief. Unten treiben einige Männer den Schacht weiter vor. Als wir zurückfahren wollen, streikt der Anlasser der kleinen Diesellok. Ersatz mußte her, und das würde dauern. Mit Helm und Grubenlampe lief ich dann einige Kilometer zu Fuß zurück durch den Berg. Tolles Erlebnis. Abends lud mich dann ein Bergbauingenieur zum Angeln ein. Ich schaute aber lieber zu. Wir hatten kein Glück. Dafür aber die Fische.

19.6.91

Heute hieß es Rucksack packen. Die Mineris spendierten mir ein deftiges Frühstück, und mit einem Traktor fuhr ich noch bis zu den Stollen hinauf. Von dort ging ein kleiner Pfad in den zunächst dichten Wald hinein. Irgendwann verlor sich der Weg ins Nichts. Na, egal, wer auf den Berg will, muß immer aufwärts. Ich folgte einem tief eingeklüfteten Bachlauf. Richtiger Urwald hier. Das Gepäck wog schwer. Schließlich kam ich an eine Kaskade. Nun mußte ich in den Wald ausweichen, was den Aufstieg weiter erschwerte. Dann wurde es oben lichter, und ich kam nach böser Schinderei auf die Hochalm zwischen dem Vf. Piciorul Caprei (1.804 Meter) und dem Vf. Toroiaga (1.930 Meter). Eine Herde Schafe kreuzte meinen Weg. Der Hirte bat mich um Feuer. Ich schenkte ihm ein Feuerzeug, und er lud mich zum Essen in die nahe gelegene Stâna ein. Es gab alle Köstlichkeiten, die eine Stâna so zu bieten hat. Auch ein Schlückchen Ţuică sollte nicht fehlen. Nach einer Stunde Pause verabschiedete ich mich und bestieg den Vf. Toroiaga. An einem Schneefeld füllte ich noch meine Wasserflasche mit Eis. Gut so, denn oben auf dem Gipfel hatte ich ein richtigen Brand. Die Sicht war irre. Vor mir lag majestätisch das Rodna-Gebirge, und über dieses zog ein Gewitter hinweg. Ich genoß dieses Schauspiel der Natur. Dann irgendwann ging es an den Abstieg über den Vf. Murgu und Vf. Stâna lui Vârtic nach Băile Borşa. Hier ist das Hauptbergbaugebiet, an das sich eine Bergarbeiterstadt anschließt. Als ich da reinkam, war ich so richtig geschockt. Die geschwärzten Wohnblocks und all der Zerfall hier ringsum, das war der wahnsinnigste Kontrast zu dem, was ich noch vor wenigen Minuten wahrgenommen hatte. Ein Bergarbeiter begleitete mich zur Busstation und sagte: „Schau, hier verdienen die Gasthäuser das meiste Geld." Ich war übrigens auch ziemlich zermürbt von dem langen Abstieg. An der Bushaltestelle schien ich meine Wiedergeburt zu erleben. Wer kann so etwas Tolles schon groß von sich behaupten? Die Lachfalten sind mir geblieben. Dann ging es auf nach Borşa, und nach einer weiteren Stunde nahm ich den Anschlußbus nach Borşa-Touristikkomplex. Ich ging in eine Cabana, um hier zu übernachten. Als sie dort aber merkten, daß ich kein Rumäne bin, da verlangte man von mir plötzlich 35 DM. Ich stritt mich ein wenig herum, und dann zeigte mir der Chef ein amtliches Schreiben, daß man hier so zu verfahren hat. Sicher keine gute Lösung, denn nötig hatte ich ja eine Übernachtung hier im Prinzip nicht. Ich ging. Ein Stück das Dorf hinauf standen zwei Frauen am Zaun. Ich frug, ob es hier wohl eine normale preiswerte Cabana gäbe. Sie zeigten in die Richtung, aus der ich kam. Ich schilderte mein Erlebnis von dort, und selbst die Frauen waren etwas erschüttert, wie man hier mit Touristen umzugehen pflegt. Da sagte die eine:

„300 Lei, und Sie können in meinem Haus Quartier beziehen." Na ja, da wollte ich nun nicht nein sagen. Das Haus war erst neu gebaut, mit viel Holz und recht prachtvoll. Ich bekam ein wundervolles Stübchen. An den Wänden hingen schöne Wandteppiche. Das Abendbrot war der Stolz meiner Gastgeberin, und ich spendierte noch Kaffee dazu. Am Abend zog ein fürchterliches Gewitter los. Blitze zuckten durch die Nacht, und ich lag noch lange im Bett mit Blick nach draußen. Ich liebe solche Momente. Überhaupt, Mühe und Freud lagen heute so genial beieinander, da spricht man von einem perfekten Tag.

20.6.91

Um 6.30 Uhr stand ich auf, Frühstück und Abschiedsfoto. Sollte es regnen in den Bergen, so könne ich gerne wieder zurückkommen, sagte die Frau. Ich nickte, und auf ging es. In der Tat, das Wetter war nicht alle Welt. In den Wäldern stiegen dicke Nebelschwaden auf. Nach einer Stunde Aufstieg begann es so stark zu regnen, daß ich mich zunächst unter einer großen Fichte postierte. Im Nebel tauchte ein großer weißer Hund auf. Keine Frage, hier sind Hirten unterwegs. So folgten auch bald eine Herde Schafe und der Rest der Hundemeute. Das übliche Spiel, die Hunde umkreisen mich, der Hirte brachte Ruhe in die Situation, und ich stieg mit dem Hirten weiter auf. Vorbei kamen wir an einer herrlichen Kaskade. Es regnete weiter recht stark. Der Hirte deutete an, ich solle mitkommen, und so verließen wir den Weg und gelangten über schmale Pfade auf die Hochweide. Und so waren wir auch bald am Ziel. Eine große Stâna nahm im Nebel Konturen an, und der Hirte bat mich einzutreten. Es bot sich ein überraschendes Bild. In der Mitte brannte ein lichtes offenes Feuer, und darum kauerten fünf alte Frauen und trockneten ihre ebenfalls durchnäßte Bekleidung. Ein weiterer Hirte rührte gerade in einem riesigen Stahlkessel voller Milch, welcher über einem zweiten Feuer hing. Nach der Prozedur der Gerinnung und des Abschöpfens wurde der frische Käse in Tüchern zu riesigen Laibern gepreßt und gelagert. Dann gab es Essen für alle. Bei den Weibern am großen Feuer ging es schon recht geschwätzig zu, und eine große Flasche Țuică wurde ständig weitergereicht. Auch ich gehörte diesem höchst ehrenwerten Kreise an. War die Flasche alle, wurde eine nächste gereicht. So eine Geschäftigkeit in einer Stâna hatte ich noch nicht erlebt. Was war denn hier eigentlich los? Ich stellte da aber keine Fragen. Gewiß, die Zeit wird dies wohl heute noch beantworten. Zwei weitere Hirten kamen aus einem hinteren Raum hinzu. Draußen war ein Traktor zu hören. Vor der Hütte hielt er, und zwei weitere Herren traten ein. Eine letzte Flasche ging noch reihum, und dann wurden plötzlich alle recht ernst und konzentriert. Riesige Käsekugeln wurden aus einem Hinterraum hereingetragen, fachmännisch von allen Leuten auf Qualität begutachtet und dann in verschiedene Ecken des großen Raumes verteilt. Einer der Männer war so etwas wie ein Buchführer. Nach jeder begutachteten Käsekugel wurde in einer Namensliste ein Vermerk gemacht. Zweieinhalb Käserollen wiegen um die 50 Kilo, so belehrte mich der Buchführer. Und ich wurde weiter aufgeklärt: Also die Schafe und Kühe, die hier oben gehütet werden, gehören verschiedenen Familien eines Dorfes unten im Tal. Je nach deren Anteilen an Vieh und einer vorher sorgfältig durchgeführten Kontrolle der Milchleistung des jeweiligen Viehbestandes wird also der jetzt produzierte Käse für die Besitzer aufgeteilt. Eigentlich alles ganz logisch, was? Nach zwei Stunden war die „Zeremonie" beendet, und ich half mit, den Käse auf den Hänger vom Traktor zu verladen. Und von wegen, der Țuică ist alle. Haha, wer's glaubt, wird niemals selig. Hier, so könnte man sagen: Glaube dem Menschen wie dem Herrgott. Gegen 17 Uhr fuhr der Traktor mit einigen Männern und den Frauen ins Tal. Das Wetter hatte aufgeklart, und ich baute erst einmal nahe der Stâna mein Zelt auf. Nun kamen auch die Hirten mit dem Vieh zur Stâna zurück. Am Abend wird gemolken. Ich kam heute noch zu frischer Milch. Mit zwei der insgesamt acht Hirtenhunde hatte ich mich bereits angefreundet. Die wichen fortan nicht mehr von meiner Seite. Ich konnte mich nun ohne Probleme im Gelände bewegen. Abends gegen 22 Uhr klopften die Hirten an mein Zelt und winkten mich in die Stâna. Ich bekam noch einen Teller Brânză (eine Art Frischquark) gereicht. In der Nacht bellten oft die Hunde, und auch die „diensthabenden" Hirten gaben acht auf „Urs", den Bär.

21.6.91

Um 9 Uhr erwacht. Die Nacht war kühl, aber mein neuer Daunenschlafsack leistete gute Dienste. Um 10 Uhr ging ich auf eine Rundwanderung. Zuerst stieg ich noch mal ab zu der wunderschönen Kaskade (Cascadă Cailor). Ein Stück höher besuchte ich eine Grotte, und auch eine kleine Höhle stand auf dem Programm. Die Hirten hatten mir von der Höhle erzählt. An alten Baumstämmen konnte man sich da in die Tiefe hangeln. Dann stieg ich wieder auf und lief zur kleinen Schlucht „Cheile Bâstricioarei". Anschließender Aufstieg zum Vf. Gărgălău (2.158 Meter). Dort verweilte ich und genoß die schöne Sicht. Dann ein kleines Stück dem Paß entlang und weiter ein Stück entlang dem Massiv „Zănoaga Piatra Rea". Sehr schöne Frühlingsblumen hier oben. Dann direkter Abstieg zur Stâna im Kar. Gegen 16 Uhr war meine kleine Tour beendet. Ich kochte mir Kaffee. Ein dritter Hund interessierte sich sehr für mein Zelt, und wir schlossen schnell Freundschaft. Dann tollten wir noch ein wenig durch die Gegend, woran sich auch ein viertes „Hundli" beteiligte. Am Abend machte ich noch Fotos beim Melken der Schafe.

22.6.91

Um 10 Uhr Frühstück bei den Hirten, anschließend wurde gepackt, und dann stieg ich geradewegs zum Kamm hinauf. Ich wanderte vorbei am Vf. Puzdrele, über Vf. Obârşia Rebrii (2.052

Meter) und Vf. Buhăescu Mare (2.119 Meter). Dann stieg ich noch ein kleines Stück hinab zu einem kleinen Bergsee. Zu meinem Erstaunen stand dort schon ein Zelt. Eine junge Frau schaute hervor, und wir begrüßten uns. Insgesamt sind sie zu dritt, doch die zwei Herren sind noch unterwegs auf dem Vf. Pietrosu (2.303 Meter). Ich errichtete mein Zelt, und dann bereiteten wir uns einen Kaffee. Bald auch waren die zwei Herren zurück. Einer der beiden war Rumäne, der andere allerdings ungarischer Abstammung. Wir waren ein richtig internationales Team. Abends war ich zum Essen eingeladen. Die beiden Herren waren recht spaßig drauf. Ich solle lieber die ungarische Marmelade essen. Nein, stimmt nicht, die Marmelade einer rumänischen Mutter sei durch nichts zu schlagen. Bei Speck, Zwiebeln, Knoblauch und Käse herrschte aber Einvernehmen. Als kulinarischen Höhepunkt gab es gebratene Eier mit Speck.

23.6.91

Heute war Sonntag, Ruhetag! Meine drei Freunde aus Baia Mare verabschiedeten sich und schenkten mir noch eine Wanderkarte vom Rodna-Gebirge. Dann wanderten sie weiter nach Cabana Puzdra. Die Sonne schien, und ich postierte mich mit der Isomatte am kleinen Bergsee. Dazu hatte ich Lektüre von Erich Fromm dabei. Paßte wunderbar hierher. Ich genoß die Ruhe ausgiebig.

24.6.91

Ich erwachte bei Sonnenschein. Heute ist ja der Höhepunkt meiner Reise angesagt. Nach dem Packen ging es auf zum Vf. Pietrosu. Oben angekommen, hatte ich recht gute Sicht und blieb lange an diesem Ort. Dann wanderte ich weiter zum Forsthaus „Casa Laborator". Einfach super. Wieder eine Pause und dann weiterer Abstieg durch schöne Wälder. Irgendwann kam ich an einem Forsthaus an, wo sozusagen der Eingang zur Reservation ist. Ich kam mit dem Förster ins Gespräch und baute auch gleich mein Zelt auf. Spät ist es geworden. Lange noch saß ich mit Alexa und seinen zwei Enkelkindern beisammen. Acht Bären zählt er hier übrigens zum Bestand. Gemsen habe ich an diesem Tag so viele wie noch nie gesehen. Es war schon sehr beeindruckend heute.

25.6.91

Ich entschloß mich, hier noch einen Tag zu verbleiben, und machte eine kleine Wandertour in Richtung Peştera de la Izvorul Izei. Gefunden habe ich die Höhle nicht, bin aber dafür sehr schöne Pfade gelaufen. Alexa kam auch erst spätabends mit seinen Enkelkindern von Casa Laborator zurück.

26.6.91

Früh hatte ich gepackt und wanderte in Richtung Moisei. Sehr schöne Bauernhäuser hier. Dann auf der Hauptstrecke nahm mich ein Pferdewagen bis zum Bahnhof in Borşa mit. Und dann fuhr ich nach Cluj-Napoca zu Robert.

27.6.91

George hatte seine Unterlagen schon an Robert geschickt. Ich machte heute wieder meine obligatorische Runde durch Cluj und kaufte mir noch Schlafwagenkarten für die Rückfahrt nach Berlin. Als besonderen Höhepunkt führte mich Robert durch die Mineralogie der Universität von Cluj. Ist wohl übrigens die älteste der Welt. Morgen geht's heim! Vorbei ist es wieder einmal mit „Sus sus sus la Munţii sus"! Ich habe Folklore im Bauch.

Ostern im Şureanu und eine Schnuppertour ins Bihor (1994)

30.4.94

Endlich war es wieder soweit! Gegen 23.45 Uhr bestieg ich meinen Zug in Berlin nach Deva/Rumänien. Ich hatte Liegewagen und war neben dem Conductor der einzige Reisende in diesem Teil des Zuges. Der Zug fuhr ab, und ich machte mich gleich an die „Augenpflege". Kurz vor Dresden wachte ich auf, und mein erster Blick fiel sofort auf das offene Deckelfach meiner Kraxel. Meine kleine Tasche mitsamt Papieren und Geld war fort. – O Schreck, o Schreck, mein Zeug ist weg! – Eigentlich war ja alles klar. Es war wie ein Kriminalroman aus der „Augsburger Puppenkiste". Also in Frage kam ja wirklich nur der rumänische Schlafwagenschaffner. Ich also hin und an die Türe „geklopft". Der Herr (ziemlich groß und ein wenig dicklich) spielte gelassene Ruhe. Ich stellte den Conductor zur Rede. Er zappelte nur mit den Schultern. Ich wackelte mit dem Köpfchen. Er zog zweifelnd seine Augenbrauen nach oben, wohingegen meine etwas „angezornt" nach unten geneigt waren. Wir fuhren mittlerweile in den Dresdener Hauptbahnhof ein, und ich ging zurück in mein Abteil, riß das Fenster runter und winkte die deutschen Zöllner ran. Die kamen auch gleich und wollten wissen, ob ich mir auch wirklich sicher sei. Dann gingen sie zum Conductor. Der spielte den Ahnungslosen. Ein Zöllner fand meine verlorengegangene Tasche in dem Waschabteil neben dem Abteil des Verdächtigen. Ich schaute natürlich gleich nach, was wohl fehlte. Klar, es war das Geld. ABER – so Gott es wollte, hatte ich mir in diesem Jahr ein erstes Mal das Visa in der Rumänischen Botschaft in Berlin besorgt. Und – so Gott es wollte, waren auch mein Reisepaß und sonstige Papiere noch in der Tasche. Der Conductor mußte doch ein kleines Herz haben. Die Zöllner nahmen die Personalien des Herrn auf und versicherten mir, daß der mit Sicherheit nicht mehr über diese Grenze kommen würde. Sonst aber könne man nichts machen, es sei denn, ich stelle eine Anzeige gegen Unbekannt bei der Polizei. Erstens war das ziemlich sinnnlos, und zweitens hatte ich eh keine Zeit, denn dank Reisepaß samt Visa konnte ich meine Reise fortsetzen. In der Mitropa in Berlin-Lichtenberg hatte ich noch eine kleine Besorgung getätigt. Dank dessen hatte ich nun noch 6,50 DM in meinem Besitz. Was brauchte ich mehr? Bei den Tschechen kamen dann zwei tschechische Schaffner und kontrollierten die Fahrkarten. Sie meinten, daß meine Karte schlecht ausgestellt sei, weil der Zug über einen anderen Grenzübergang fährt. Ich sollte 120 DM nachzahlen. Ich bekam einen Lachanfall, zog das Innenfutter meiner Hosentaschen raus und sagte: „Nix Geld, Conductor zappzerapp." Die schauten recht ungläubig drein und frugen mich, ob ich denn Zigaretten hätte. „Nee, Nichtraucher", sagte ich. Dann gingen sie verärgert fort. An der Grenze zur Slowakei kam ein slowakischer Zöllner und sah den großen Karton mit dem Commodore-Computer, den ich für Freunde in Rumänien besorgt hatte. Ja, da müßte ich einen Durchreisezoll zahlen. Dann holte ich wieder meinen neuen Standardsatz raus: „Nix Geld, Conductor zappzerapp." Der Zöllner hat's mir geglaubt und mich ohne Zoll weiterfahren lassen. Aber dann kam ja die rumänische Grenze. Ja, ja, „electro Articulare", die Frage kannte ich schon, und erst ein Jahr zuvor hatte ich erlebt, wie die rumänischen Zöllner einem heimreisenden Rumänen für seine billige Mehrkomponenten-Hifi-Anlage mehr Geld abverlangten, als diese selbst wohl gekostet haben möge. Ich machte das einzig Richtige und ging zu meinem Conductor. Der war mir ja wenigstens einen Gefallen schuldig. Ich sagte ihm, wenn ich mit meinem Computer nicht durchkommen würde, dann packe ich an der Grenze die ganze „Augsburger Puppengeschichte" noch einmal aus. Auf eine zustimmende Geste wartete ich nicht und ging wieder in mein Abteil. Dann kam sie, die Grenze und dann kam SIE, eine forsche rumänische Zöllnerin, und dann sah SIE den großen Pappkarton mit dem wundervoll darauf abgebildeten Computer. „Und dann kam sie, die treffende Frage nach „electro Articulare". Ich machte spitze Lippen und wäre fast zum Ameisenbär geworden. „Nö, nööö" sagte ich, „Confection şi Alimentare" (Bekleidung und Lebensmittel). Die Zöllnerin schien wissentlich mein Schauspiel testen zu wollen und verharrte kurz schweigend. Meine Lippen blieben spitz wie eine Zuckertüte. „Bun", sagte sie dann und ging lächelnd davon. Nun war drei Leuten geholfen: Ich hatte Geld gespart (man kann also auch sparen, wenn man keines hat), der Conductor mußte von seiner Beute ein wenig lassen, und die Zöllnerin wird ihrer Familie nach Feierabend hoffentlich was Schönes aus dem nächsten Magazin Mixt mitbringen.

Am 1.5.94 gegen 23.45 Uhr stieg ich dann endlich in Deva aus dem Zug. Meine Freunde Dorin und Venu erwarteten mich bereits. Ich erzählte von meinen Erlebnissen, und mein Freund Dorin wollte gleich in den noch stehenden Zug springen, um den Conductor zu versohlen. Ich hielt ihn fest und sagte, daß es ja die letzte Dienstreise des Conductors nach Deutschland gewesen ist. Wenig später saßen wir im Auto in Richtung Pui. Das „Abendbrot" bei Venus Familie verdiente den Namen nicht, da es fast bis zum Morgengrauen anhielt.

2.5.94

Ausgeschlafen bis zum frühen Nachmittag, und dann ging's von Freund zu Freund durchs Dorf. Auch eine Probe der ortseigenen Folkloregruppe haben wir besucht. Am Abend sind wir mit Venu zu einer befreundeten Familie nach Ohaba Ponor gefahren. Ich inspizierte natürlich nach kurzer Begrüßung sofort das Gehöft. Habe binnen Kürze die Destille gefunden. Mein Interesse machte den Hausherrn stolz. Er ging hinter einen Flachbau, stieg von hinten aufs Dach und verschwand dort. Dann kam er mit einer Flasche Ţuică zurück. Noroc! Dieses seltsame Ţuică-Lager ist das Resultat längst vergangener Zeiten. Man hatte hier schon zu Ceaușescus Zeiten eine Lizenz zum Schnapsbrennen erworben. Aber die anteiligen Abgaben waren sehr hoch. Darum wurde schwarz gebrannt, was das Zeug hielt, und natürlich brauchte man dafür ein „sicheres" Lager. Eigens dafür wurde in dem Flachdach eine Zwischendecke eingezogen. Ich konnte die Familie auch überreden, ihr Nationalkostüm anzulegen, und machte einige Fotos. Und mit den Höhepunkten war's noch nicht zu Ende. Ich durfte die Speckkammer inspizieren. Da bin ich als leidenschaftlicher Speckesser bald wahnsinnig geworden. Auf einer Länge von ca. drei Metern hing Schwarte an Schwarte. Auf der Rücktour nach Pui hatte ich bereits mein Deputat für die in zwei Tagen anstehende Bihor-Tour im Gepäck.

3.5.94

Mit „Bubu" (einem Freund von der Folkloregruppe), Dorin und Venu fuhren wir heute mit dem Auto in das untere Valea Fizești ins Șureanu-Gebirge. Der Weg war unbefestigt und wurde immer enger. Schließlich zur linken Seite der Bach und zur rechten ein Holzzaun. Vor uns ritt ein alter Opa auf einem Pferd daher, beladen mit zwei kugelrunden Taschen. Venu hupte, der alte navigierte das Pferd näher an den Zaun heran, und Venu leitete den Überholvorgang ein. Auf gleicher Höhe kam unser Auto mit einem Schlagloch nicht zurecht. Venu gab Gas, und auch der Gaul tat's ihm nach. Aber das Wettrennen war kein gleiches. Der Gaul nämlich stapfte mit seinen Vorderhufen wiehernd über das Autoblech hinweg und leitete eine Kehrtwende ein. Noch war der Opa drauf, aber er saß nicht mehr so recht im Sattel, sondern flatterte eher wie eine Wetterfahne daher. Nach ca. 50 Metern fiel der Opa zu Boden und lag mit dem Gesicht im Dreck. Zwei andere Männer fingen das Pferd ab, und wir schauten nach dem Alten. Der regte sich nicht. Wir drehten ihn vorsichtig um. Mann, da kam uns aber eine Alkoholfahne entgegen. Einer der zwei anderen Männer nahm den Alten forsch: er solle sich nicht wie ein altes Weib anstellen und wieder aufstehen. Kurze Zeit später stand er wirklich, allerdings noch etwas benommen. Aber eher vom Alkohol, wie sich rausstellte. In der Brusttasche seiner Fellweste hatte der Alte einen Flachmann aus Glas, und der war trotz der „Brustlandung" intakt. Einer meiner rumänischen Freunde klärte mich über diesen doch glücklichen Zustand auf: Also wenn hier jemand so einen Unfall erleidet, sich dann die Hand vor Schmerz aufs Herz legt und etwas Feuchtes spürt, dann sagt man: „Hoffentlich ist es Blut." Ich hoffe doch, daß alle Leser diesen Zusammenhang verstanden haben!

Weit fuhren wir dann mit dem Auto nicht mehr. Denn wo die Wege ins obere Fizeşti-Tal führen, da geht es nur noch zu Fuß oder mit dem Pferd weiter. Dort oben gibt es viele isolierte Bauernhöfe, die ganzjährig bewohnt sind. Und hier oben waren wir zum „Ostertreffen" bei Freunden von Venu eingeladen. Also im Prinzip ist das mit den hiesigen Osterfeierlichkeiten folgendermaßen: Jedes Jahr ziehen die Leute hier quer durch die Gegend und besuchen die eine oder andere Familie, die für die Ausrichtung der Festlichkeiten vorgesehen ist. Im folgenden Jahr sind dann andere Familien dran ... Nach einer Stunde waren wir oben und wurden auch gleich ins Haus geladen. Ein großer Tisch war schon eingedeckt. Für jeden Gast stand ein ganzer Turm von Tellern bereit. Ich hatte es auch einen Tag vorher schon gesehen, denn da gibt es einen schönen Brauch: Viele Familien haben im Haus einen großen Korb mit gekochten und gefärbten Eiern zu stehen. Der Gast sucht sich sorgsam ein Ei aus. Und ein anderer tut es ihm nach. Dabei werden bei der Auswahl die Eier an die Zähne gehalten. Mit leichten Vibrationen wird das Ei dabei gegen einen Zahn geklopft. Ich kann es ja verraten: Also das Ei, welches beim Klopfen den höheren Klopfton von sich gibt, hat die härtere Schale. Aber hat der andere Eiertester etwa ein noch härteres Ei gefunden? Dann sagt man: „Christos am viat" (Christus soll leben!), und klopft die Eier mit den Enden aufeinander. Der mit dem härteren Ei ist der Gewinner. Ich hatte natürlich auch schon am Vortag geübt und schnitt am heutigen Tage nicht schlecht ab.

Also wir aßen und tranken und sangen, das heißt, wir versetzten uns in einen Zustand, in dem man mehrere Dinge auf einmal tut. Seit Windows '95 gibt es ja offiziell den Begriff „Multitasking", hier sind die Menschen seit eh und je sehr „multitask" veranlagt. Am späteren Nachmittag setzt dann oft eine zweite österliche Volkswanderung ein. Man bricht auf und besucht eine weitere gastgebende Familie. Das taten wir auch, was fürs erste bedeutet, daß wir wieder bergauf mußten. Oben angekommen, waren wir mehr als nüchtern, und so konnten wir die Feierlichkeiten ganz ohne Bedenken fortsetzen. Erst spät in der Nacht begannen wir mit dem Abmarsch.

4.5.94

RUHETAG!!!

5.5.94

Nach dem Mittag sind Dorin und ich mit gepackten Kraxeln zum Bahnhof in Pui gegangen. Dann mit dem Zug nach Simeria und weiter mit einem Zug nach Brad. Unser Ziel war das Bihor-Gebirge. Aber von den „großen" Anmarschgebieten hatte ich ja schon Kenntnis und wollte eher einen unberührten Einstieg. Darum fuhren wir von Brad weiter mit dem Bus. Dieser war im Innern von einer kräftigen Staubschicht überzogen. Ich dachte zunächst, der eigentliche Bus sei ausgefallen, und da hätte man eben einen alten Ersatzbus eingesetzt. Das Ziel war das Valea Luncșoara. Irgendwann bog der Bus von den befestigten Hauptstrecke ab, in eben dieses Tal. Die Straße hier war nur ein unbefestigter Forstweg. Wir saßen ganz hinten im Bus, und plötzlich drang massiver Straßenstaub durch die kaputten Türabdichtungen herein.

Nach weiteren zehn Minuten sahen wir den Busfahrer und die vorderen Passagiere nicht mehr. Nun war mir auch klar, daß in längeren regenfreien Zeiten dieser Bus eben kein Ersatzfahrzeug war. In der letzten Siedlung des Valea Luncşoara dann Endstation. Mittlerweile war es auch Abend geworden. Auf einer kleinen Lichtung an einem Bach errichteten wir unser Zelt und machten Feuer. „Essen, essen und den Ţuică nicht vergessen!" Wir hatten jeder eine 2-Liter-Colaflasche Ţuică im Gepäck. Ich empfand das als Irrsinn, aber Dorin bestand darauf.

6.5.94

Die Nacht war sehr ruhig. Gegen 10.30 Uhr sind wir dann die Sache angegangen. Es gab hier eine Markierung „Blaues Band", welche sich aber bald verlor. Wir stiegen auf zum Vf. Rotunda, dann hielten wir uns links immer auf dem Kamm entlang. Das Wetter hatte sich zugezogen, und es begann zu regnen. Zuerst nur ab und zu, aber dann wurde es arg. Wir waren womöglich nicht mehr allzuweit vom Bihor-Gipfel (Vf. Curcubăta Mare, 1.849 Meter) entfernt, beschlossen aber den Abstieg nach rechts, einen schönen Waldweg entlang. Die nächste kleine Zeltwiese an einem Bach sollte dann unsere sein. Aber statt dessen kam ein Bergwerk, wo wir auf eine unbefestigte Waldstraße stießen. Aber auch hier war weit und breit keine Zeltwiese. Über eine Stunde sind wir noch gelaufen, bis eine Wegabzweigung kam, an der zwei Bäche zusammenflließen. Und hier neben einem alten Forsthaus dann endlich auch die ersehnte Zeltwiese. Wir richteten uns ein. Mittlerweile war auch die Dämmerung über uns hereingebrochen. Zeit fürs Abendbrot. Am späten Abend hatte der Regen etwas nachgelassen, so daß wir noch ein Lagerfeuer machten. Das wärmte uns von außen, und für innen hatten wir ja auch das geeignete Feuerwasser.

7.5.94

Zu später Nacht kam der Regen wieder und hielt auch den heutigen Tag mit wenigen Unterbrechungen an. Wir blieben am Ort. Aus langen Ästen und einer Rettungsfolie haben wir uns einen Unterstand gebaut und brutzelten das eine oder andere Essen zusammen. Und die zwei Ţuicăflaschen wurden immer leichter. Am Nachmittag kam ein Förster, und wir erkundigten uns, ob der hiesige nach links abzweigende Weg in Richtung Arieşeni oder Gârda de Sus führen würde. Der Förster bejahte.

8.5.94

Am Morgen trauten wir fast unseren Ohren nicht, denn der Regen trommelte weiterhin unentwegt auf unser Zelt. Na ja, wir hatten ja den schönen Unterstand, gut zu essen und außerdem auch ein wenig Literatur mit im Gepäck. An der Stelle, wo die zwei Bäche zusammenfließen, war sehr viel Schwemmholz vorhanden. Es war diese Art von Rundholz, welche nur an der Oberfläche naß ist. Es läßt sich gut brechen und brennt schnell an, auch wenn es einige Zeit im Wasser gelegen hat.

9.5.94

Mit dem Regen war es endlich vorbei. Wir packten und nahmen den nach links aufsteigenden Weg. Zunächst stieg der auch ein weites Stück an. Dann ging's leicht links und irgendwann wieder leicht links, und als es plötzlich erneut leicht links und dazu bergab ging, da brach mein rumänischer Freund mit seinem Temperament durch, und er fluchte auf seine Landsleute, die nicht imstande wären, vernünftige Markierungen anzubringen. Brauchten wir das wirklich? Ich holte meinen Kompaß raus, nordete meine Apuseni-Karte ein und entschied für eine Passage bergauf durch den Wald. Allmählich wurden die Schneefelder hier immer tiefer. Wir kämpften uns bis über die Baumzone durch und stiegen auf zum Kamm. An einem markanten Punkt stand ein eisernes Metallkreuz aus Rundstahl. Wir waren wohl am Curcubăta Mică. Nordwärts bergab sahen wir etwa 150 Höhenmeter tiefer mehrere Holzhütten. Also stiegen wir ab. Die meisten Hütten waren kleine Viehställe, und die Blockhütte, welche als Wohnhaus diente, war mit zwei Stahlbändern und Vorhängeschlössern gesichert. Für eine Stâna eh sehr ungewöhnlich. Ich hatte so eine Eingebung und zog an dem einen Vorhängeschloß, und siehe da, ab war's. Und das zweite Schloß tat's dem ersten gleich. Die Hütte war wie für uns geschaffen. Zwei Betten, ein kleiner gußeiserner Ofen, ein Fensterblick hinüber nach Arieşeni und reichlich Bruchholz zum Anfeuern vor der Hütte. Zu allem Luxus noch kleine Schmelzwasserbäche im Schnee. Am Abend haben wir noch einen kleinen Spaziergang gemacht. Ein außergewöhnliches Fleckchen Erde war das hier. Doch ein Unglück hat uns dann zu später Stunde in unserer gemütlichen Hütte dann doch ereilt. Der Ţuică war alle. Mein Freund Dorin saß da und wackelte mit dem Kopf und sprach: „Desastru national." – „Nu, nu", sagte ich, „Desastru international." Wir lachten uns fast zu Tode darüber.

10.5.94

Gegen 7 Uhr bin ich aufgestanden und habe den Fotoapparat gepackt. Über eine Stunde saß ich draußen und erlebte einen der schönsten Sonnenaufgänge meines bisherigen Lebens. Gegen 10 Uhr stiegen wir im Sonnenschein ab nach Arieşeni. Zunächst gingen wir einen Forstweg entlang, und dann irrten wir durch viele kleine verschachtelte Waldwege ins Tal. Gegen Mittag waren wir dann in Arieşeni. Erst einmal auf in die nächste Gaststätte. Draußen ging ein Regenschauer los, und eine Schafmutter mit ihren Lämmern suchte Unterstand in der örtlichen Bushaltestelle. Irgendwann kam ein LKW, der Leute nach Gârda de Sus mitnahm. Wir nutzten die Gelegenheit und fuhren mit. Unser anvisiertes Tagesziel war ja die Cabana Scărişoara. In Gârda de Sus kaufte Dorin noch eine Flasche Wodka. Ţuică war in dieser Gegend nicht zu bekommen, da es im Vorjahr eine sehr schlechte Pflaumenernte gegeben hatte. Dann aber machten wir uns auf zur Cabana Scărişoara. An der Stelle, wo das Valea Gârda Seacă und das Valea Ordencuşa zusammenfließen, stiegen wir genau dazwischen bergauf. Ein schmaler Pfad führt immer einen aufsteigenden Kamm entlang. Nach einer Stunde standen wir dann vor den Überbleibseln der Cabana Scărişoara, vermooste Reste eines Betonfundamentes.

Gleich in der Nähe steht ein schönes Forsthaus, aber es war verschlossen. Der Regen hatte uns wieder ein, und wir gingen zu einem weiteren in der Nähe stehenden Haus. Ein alte Dame kam raus und erzählte uns, daß die Cabana schon viele Jahre nicht mehr existiert. Bei ihr könnten wir zur Zeit leider nicht unterkommen, da vor kurzem ihr Mann verstorben sei. Aber wir sollten mal ein Gehöft weiter laufen und dort nachfragen. Dort befanden sich auch noch Stallungen mit diesen traditionellen Dächern, welche mit Tannenzweigen eingedeckt sind. Eine Besonderheit der hiesigen Motzen. Wir lernten Julia kennen. Auch eine alte Dame, die uns, wenn wir dort nicht rauchen würden, eine Unterkunft in dem wunderschönen Stallgebäude anbot. Zur linken Gebäudehälfte, dort im Heu, können wir uns einrichten. Die andere Hälfte des Gebäudes war der Kuhstall. Natürlich wurden wir zum Essen und Plaudern ins Haus geladen. Ferner lernten wir noch Tochter und Schwiegersohn kennen. Überaus sympathisch! Dorin holte die Wodkaflasche raus und bat um Zucker und etwas Kümmel. Dann setzte er auf dem Herd ein Töpfchen auf. Wodka samt den anderen Zutaten rein, kurz aufgekocht, und fertig war Dorins Spezialrezept. Wir waren allesamt davon begeistert. Julia erkundigte sich mehrmals danach, um nur nichts zu vergessen. An jenem Abend bekamen wir frische Eier (von den hauseigenen Hühnern) zubereitet, und die waren absolute Oberklasse! Zu später Stunde haben wir im Heu gelegen und waren etwas erstaunt darüber, wie laut es doch plätschert, wenn eine Kuh im Nebenraum Gassi geht. Ich fühlte mich sauwohl und habe beim letzten Gähnen mit Sicherheit „muuuh" gemacht.

11.5.94

Gegen 8 Uhr sind wir im Heu erwacht. Zum Frühstück gab es wieder diese Hühnereier der Kategorie „Superclass". Der Schwiegersohn des Hauses machte gerade seinen Planwagen fertig, denn heute fährt er seine über den Winter gefertigten Holzfässer zum Verkauf ins weite Land. In diesem Jahr in Richtung Arad. Bis zu 14 Tagen sind die Motzen dann mit ihren Pferdewagen unterwegs. Natürlich habe ich gleich die hölzerne Handelsware inspiziert. Es sind Holzfässer aller Art. Sehr auffällig natürlich die großen Fässer, in denen die Früchte für den künftigen Țuică angesetzt werden. Um möglichst viele Fässer transportieren zu können, fertigt man das folgende Faß ein wenig kleiner, damit dieses in das vorherige hineinpaßt. Was den Russen die Matruschkas, sind den Motzen ihre Fässer!!!

Nach reichlich Speis und Trank und einer Inspektion des Hofes brachen Dorin und ich zur nahe gelegenen Scărișoara-Eishöhle auf. Im Dorf muß man sich bei einem bestimmten Haus melden. Eine Alte kam uns entgegen, und wir trugen unser Anliegen vor. Die holte dann den Schlüssel, und wir gingen noch ein Stück zum hiesigen Berg hinauf. Ein großes Einsturzbecken von 50 Metern Tiefe und einem Durchmesser zwischen 40 und 50 Metern führte hinab in die Höhle. Zuvor aber zahlten wir ein kleines Entgelt. Die Alte schloß hinter uns dann wieder das Tor der Maschendrahtumzäunung. Wenn wir zurückkommen, dann sollen wir durch das Loch im Zaun kriechen. Dann hatten wir die Höhle für uns allein. Eine schmale Eisentreppe führt hinab in den Schacht. Lange Eiszapfen hängen bereits im äußeren Teil des Höhlenportals. Wir gingen hinein und befanden uns auf blankem Eis. Ein Geländer führt durch die Höhle, wobei der Steig selbst teils unter dem Eis liegt. Die Angaben für die hier lagernden Eismassen differieren zwischen 50.000 und 75.000 Kubikmeter. Leicht rechts führt eine weitere Eisentreppe in einen kleineren, sich direkt anschließenden Saal mit wunderschönen Eisformationen (Biserica Veche = alte Kirche). Dorin entdeckte einen Eisstalagmiten mit einer Höhe von über einem Meter. Der hatte auf seiner Spitze eine kleine Caldera, in der eine verendete Fledermaus eingefroren war. Foarte imposant! Gerne wären wir noch in die Rezervaţia Mare hinabgestiegen, aber dafür benötigt man wenigstens 50 bis 60 Meter Seil. Aber auch so waren wir sehr begeistert. Nach eineinhalb Stunden stiegen wir wieder empor. Ein leichter Regen hatte mittlerweile eingesetzt. Das kleine Dorf hier unterhalb der Höhle heißt Gheţar. Es war bereits früher Nachmittag, und wir entschlossen uns, noch ein wenig die Umgebung zu beschnuppern. So wanderten wir in Richtung Urşoaia. Bei einer kleinen Dorfkirche drehten wir um und machten eine ausgiebige Pause in einer neuen kleinen Gaststätte. Zu Bier und Keksen plauderten wir mit dem Besitzer. Gegen 16 Uhr schlenderten wir zurück und pflückten unterwegs noch Spitzen von frischen Brennesseln für die abendliche Suppe. Kurz vor Julias Haus winkte uns die alte Dame nahe des Forsthauses ran, deren Mann erst kürzlich verstorben war. Sie bat uns, ob wir ihr helfen könnten, die Saatkartoffeln aus dem Keller zu holen. Klar taten wir das. Dafür bekamen wir einen brotförmigen Kuchen, der im Innern irgendwie so nach Marzipan schmeckte. Anschließend bei Julia im Haus fraß ich dann fast den halben Laib auf. Bis spät in die Nacht hinein plauderten wir noch mit Julia und ihrer Tochter.

12.5.94
Regen peitschte auf unser Stalldach. Wir wollten's nicht glauben. Egal, nach dem Frühstück entschlossen wir uns zum Abmarsch nach Gârda de Sus. Wir verabschiedeten uns von Julia und ihrer Tochter, und dann wanderten wir hinüber ins Valea Ordencuşa. Über einen wunderschönen schmalen Pfad steigt man

ab ins Tal. Wir kamen an einer kleinen Ansiedlung raus. Der Regen hatte etwas nachgelassen. An dem einen Haus stand ein Forstarbeiter unter einem Vordach, und wir entschlossen uns zu einer Rast. Während wir ins Gespräch kamen, öffnete sich eine Tür, und eine alte blinde Dame schaute heraus. Wie spät es wäre und welcher Tag heute sei, wollte die Alte wissen. Dann lud sie uns in die Stube. Aus der zweiten Stube des Hauses kam noch eine junge Frau hinzu, die mich bat, von ihr und ihren zwei Kindern ein Foto zu machen. Im Zimmer der Alten stand an einer Wand gelehnt ein Holzgestell, auf den ein riesiges „Speckchen" gespannt war. Das sah aus wie der gekreuzigte Jesus. Der Speck war mit Salz und rotem Paprikagewürz eingestrichen. Mir tropfte der Zahn. Ich fotografierte die Alte neben dem konservierten Speck, und schließlich kam die junge Frau mit einem Messer herbei. Wenig später war mein Rucksack wieder um einiges schwerer. Die Alte flüsterte mir noch etwas ins Ohr: „Wenn Sie mal wieder vorbeikommen, dann bringen Sie mir doch bitte eine Schokolade mit." Wir verabschiedeten uns und wanderten dann weiter das Tal hinab. Dann kamen wir in eine wunderschöne Schlucht. Ein Stück hinein kommt zur Rechten ein kleines Betonbrückchen. Ein Weg führt hinauf zur Höhle „Peştera Poarta lui Ionel". Ein wunderschönes Eingangsportal. Wir stellten die Rucksäcke ab und holten die Lampen raus. Nach einer halben Stunde wanderten wir weiter nach Gârda de Sus.

Gegen 15.15 Uhr nahmen wir dann einen Bus nach Alba Iulia. Wir trauten unseren Augen nicht, denn plötzlich klarte der Himmel auf, und die Sonne strahlte. Ich ärgerte mich natürlich darüber. Klar wäre ich viel lieber jetzt im Bihor-Gebirge dahergewandert. Aber nach sieben Tagen Regen mit wenigen Unterbrechungen hat es uns eben gereicht. Dennoch, die landschaftlichen Eindrücke sitzen tief. Abends bei Venu in Pui spülten wir den Griesgram dann mit Ţuică runter.

13. bis 14.5.94
Zwei Tage zum Ausspannen und kleine Wanderungen in die Umgebung. Jörg, ein Freund aus meiner Stadt rief uns plötzlich an. Er war gerade mit dem Auto bei Freunden in Oraştie. Morgen Abend wird er für zwei Tage nach Pui kommen.

15.5.94
Zwei Wochen nach den hiesigen Osterfeierlichkeiten findet noch einmal eine „Völkerwanderung" im Şureanu satt. Es ist so eine Art „Osternachfeier". Auch wir nahmen natürlich wieder daran teil. Zwei Familien besuchten wir dort oben. Der Großvater des einen Hauses, ein alter, gestandener Hirte, spielte temperamentvoll auf seiner Hirtenflöte daher. Na ja, es war äußerst gesellig, und wir kamen erst zu abendlicher Stunde wieder zum Abmarsch. Gegen 22 Uhr waren wir in Pui. Jörg war mittlerweile eingetroffen und wurde von Ani (Dorins Frau) bereits mit bester rumänischer Küche versorgt. Für den kommenden Tag planten wir, mit Jörgs Jeep hinauf zur Stâna de Râu zu fahren.

16.5.94
Gegen 10 Uhr war das Auto gepackt, und wir fuhren hinein ins Retezat-Gebirge. Das Râu-Bărbat-Tal war malerisch. Aber nach knapp zehn Kilometern versperrte ein Steinschlag den Weg. Es war kein Rüberkommen. So fuhren wir zurück, luden in Pui die Zelte ein und entschlossen uns für das wunderschöne Felsental im oberen Valea Streiului. Wir hatten strahlend blauen Himmel.

In Baru, hinter der dortigen Fabrik, bogen wir dann links ab, und nach weiteren acht Kilometern haben wir dann unsere Zelte in der Nähe einer kleinen Stâna aufgeschlagen. Natürlich sind wir nicht nur zum Zelten hierher gekommen, sondern sattelten den Ranzen und wanderten hinauf zur Tecuri-Höhle. Der Einstieg über die moderige Holzleiter in den zwölf Meter tiefen Schacht war etwas kribbelig. Aber dann erwartete uns eine Höhlenwelt von wunderschönen Formationen. Die Länge der Höhle beträgt 485 Meter. In einem großen Saal steht ein wunderschöner Stalagmit von ca. sieben Metern Höhe. Dahinter kommt eine Kalkwand, voll mit Formationen, mit dem Namen „Barajul Stalagmitic". Ganz links an dieser Wand ist nach einem kurzen Aufstieg ein schmaler Durchschlupf, nach dem sich die Höhle noch über 60 Meter fortsetzt. Auf dem Rückweg, am Ausgangsschacht angekommen, krochen wir aber noch durch ein flaches halbmondförmiges Loch und gelangten in eine Galerie mit einem kleinen Höhlensee. Dieser hatte einen Durchmesser von ca. 15 Metern. Dahinter führt ein schmalerer Gang noch zu einem 35 Meter tiefen Schacht. Wieder der Höhle entstiegen, suchten wir noch eine zweite Höhle, aber fanden sie nicht. Nun saßen wir oben an einem Felsvorsprung und schauten in die Schlucht. Am späten Nachmittag, wieder an den Zelten angekommen, machten wir uns auch gleich daran, ein Feuer zu bereiten. Ich ging zur Stâna rüber und wollte uns für den Morgen des nächsten Tages ein Eimerchen Milch sichern. Eine alte Bäuerin kam heraus. Sie antwortete: „Ihr könnt morgen und auch heute am Abend schon Milch bekommen." Klar, daß wir das wollten. Bis tief in die Nacht hinein plauderten wir noch am Lagerfeuer.

17.5.94

Bis Mittag sind wir im herrlichen Strei-Tal verblieben. Wir überlegten, ob es Sinn hätte, von Ohaba Ponor die schwierige Forststraße hinauf nach Ponoricilor zu fahren. Aber mit dem Jeep zeigte sich Jörg zuversichtlich. Über Feder auf einer Serpentine versperrte uns ein Holztransporter den Weg. Er hatte eine technische Panne. Wenn der Transporter nur ein Stück mehr nach rechts stünde, dann würden wir ja passieren können. Der Fahrer überlegte, und dann befestigte er ein Stahlseil an einem Baum und zog mit der Seilwinde den Wagen ein Stück zur Seite ran. Wir kamen am Abhang geradeso vorbei. Dann ging es weiter. Auch hinter dem Plateau Ponoricilor kamen wir gut voran und fuhren bis hinauf über die Höhle „Peştera din Valea Stânii" (Höhle im Tal der Schäferhütten). Wir holten unsere Lampen hervor, und dann hinab in das kleine Tal, in dem ein Bach kurz vor einer Felswand in der Erde verschwindet.

Bereits 1990 war ich zum ersten Mal in dieser Höhle. Das Loch war diesmal offen, und wir brauchten keinen Betonblock auszuhebeln. Nur einige kleine Felsbrocken waren zu beseitigen. Dann wurde es eng. Ein S-förmiger Gang windet sich über ca. 15 Meter zu einem kleineren Raum. Stein am Bauch und Stein am Rücken, hier lernt man, wie ein Zäpfchen denkt. Dann in dem kleineren Raum folgt ein weiterer schmaler Durchlaß. Man muß sich senkrecht in die Tiefe durchgleiten lassen, sofern man gleitet. Menschen von dickerer Gestalt dürften spätestens hier ein Ende finden. Nach dieser Passage folgte ein Abgrund von ca. 10 bis 15 Metern. Eine schmale wackelige Metalleiter, locker angelehnt, führte in die Tiefe. Wir folgten dieser. Dann aber befanden wir uns im Paradies. Knapp fünf Stunden dauerte die Tour. Für Dorin hätte es beinahe um einiges länger dauern können. Er hatte sich in der engen senkrechten Passage verkeilt. Seine Jacke war einfach zu dick. Dorin steckte darin und zerrte und zerrte. Die Jacke knirschte, und nach langem Zureden und Drücken und Zerren hatte es auch unser rumänischer Freund geschafft. Als wir wieder draußen waren, zogen gerade pechschwarze Wolken davon. Als wir am Abend wieder unten in Pui waren, frug man uns, ob wir denn das schwere Unwetter nicht mitbekommen hätten. Nee! Spät am Abend verabschiedete sich Jörg, denn er wollte heute noch nach Ungarn weiter.

18.5.94

Für Dorin und mich war heute Ausspanntag. Wir haben wieder Freunde im Ort besucht, und am Abend habe ich mit Gerlu (einer der beiden Söhne von Dorin) eine wahre Gebirgssuppe zubereitet. Ani haben wir sozusagen in den Ruhestand versetzt. Gerlu lief beim Kochen der Schweiß von der Stirn. Aber alle haben unser Machwerk anschließend gelobt!

19.5.94

Venu und Dorin haben mich mit dem Auto nach Deva gefahren.
– Rückreise! – ICH WILL NICHT!

Ausflug in die Maramureş, die Moldau und ins Bihor-Gebirge

Die Anreise

28.4.95

Wieder einmal war es an der Zeit, um 0.07 Uhr saß ich in meinem Schlafwagenabteil. Der zuständige Conductor, ein Tscheche, machte einen ausgesprochen soliden Eindruck. Nach den Kapriolen im vorjährigen Frühjahr legte ich mich dennoch gleich wieder aufs Ohr. Um 8.30 Uhr in der Frühe klopfte es an meine Tür. Der treue Tscheche machte mich darauf aufmerksam, daß Zigeuner im Zug seien und ich die nötige Vorsicht walten lassen sollte. Um 9.15 Uhr waren wir bereits in Brno. In Bratislava wurde unser Waggon ausgetauscht. Ein neuer Abteilschaffner übernahm den Schlafwagen. Einiges später erkundigte ich mich bei einem rumänischen Schaffner wegen der Weiterfahrt nach Cluj. Es sieht alles so aus, als bekäme ich dort sogar noch den Frühzug nach Vişeu de Jos.

29.4.95

Kurz nach null Uhr Ankunft in Alba Iulia. Viel Trubel auf dem Bahnhof. Ich war wieder in Rumänien! Um 1.11 Uhr dann Weiterfahrt nach Cluj. Ankunft 3.15 Uhr. Ich war etwas geschafft, denn der Nachtzug war brechend voll. Ich stand bis Cluj im Gang. Um 5.44 Uhr dann der Anschlußzug nach Vişeu de Jos, und das sogar sitzend. In Vişeu de Jos wollte ich gerade in den Anschlußzug nach Vişeu de Sus (Oberwischau) steigen, da ruft jemand meinen Namen. Es war George. Nun, so ging es dann mit dem Auto zunächst weiter nach Oberwischau. Georges Eltern haben dort im Zipserviertel (Zipserei) ein schönes Einfamilienhaus. Aber es soll verkauft werden, denn die Eltern haben sich ein neues Haus in Vadu Izei gebaut. Georges Vater hat mich dann erst einmal gebührend mit Speis und Trank bewirtet. Am Nachmittag fuhren wir dann weiter zu Georges Familie nach Botiza. Mirele hat groß aufgetischt, und ich machte wieder einmal die Erfahrung, daß Essen anstrengender sein kann als eine Bergauftour mit schwerem Gepäck. Die kleine Ioana ist auch wieder ein Stück gewachsen. Wir plauderten bis tief in die Nacht.

Die Moldau und die Maramureş

30.4.95

Für den heutigen Tag hatte mir George einen Ausflug in die Moldau vorgeschlagen. Das Wetter war wunderschön, und am späten Morgen standen wir mit Georges Dacia bereits auf dem Prislop-Paß in 1.416 Meter Höhe. Die Kammverläufe des Rodna waren noch bis tief hinab in Schnee gehüllt. Dann die Abfahrt ins Bistriţa-Tal, ein Augenschmaus der Lieblichkeiten. In Cârlibaba bewegte ich George zum sofortigen Anhalten. Ein Mann und zwei junge Damen liefen da einfach so in hiesiger Nationaltracht daher. Wauwauwauwau! Ich war äußerst entzückt. Während der Weiterfahrt unterhielten wir uns intensiv darüber, ob man sich hier nicht mit dem Tourismus ein Standbein schaffen könnte. Diese Kulturlandschaften bieten weit mehr, als man dafür braucht. George hatte sich das ja auch schon durch den Kopf gehen lassen, aber solange er noch seinen relativ gut bezahlten Job als Bergbauingenieur hat, kommt es für ihn halt nicht in Frage. Na ja, vielleicht habe ich dem George doch einen kleinen Floh ins Ohr gesetzt. Gegen Mittag hatten wir das Kloster in Voroneţ erreicht. Also ich war wirklich verzaubert. Die Außenwandfresken laden lange zum Verweilen ein. Seit ca. 450 Jahren im Original erhalten. Viele Analysen wurden hier schon gemacht, um der dauerhaften Haltbarkeit dieser Farben auf den Grund zu gehen. Zehn Nonnen leben hier in dieser Klosteranlage. Ich habe zu aller Entzückung bei den Klostersouvenirs ein deutschsprachiges Buch über den Kreis Suceava erstanden. Nach ausgiebiger Verweildauer fuhren wir dann weiter zum Kloster in Gura Humorului. Hier werden gerade Teile der Außenwandfresken restauriert. Die Zeit ist uns zerronnen wie nichts, und so machten wir uns an die Rückfahrt durch ein wunderschönes Land. Viele Wohnhäuser sind an den Außenwänden ebenfalls mit Wandmalereien in Ornamentform versehen. George erzählte mir, daß die Bauherren Wert darauf legen, daß auch diese Malereien ein „Hausleben" lang halten. Erst nach Einbruch der Dunkelheit waren wir in Botiza zurück.

1.5.95

George, Mirele, die kleine Ioana und ich haben heute mit dem Auto einen Ausflug nach Săpânţa und Sighet gemacht. Klar, der „Lustige Friedhof" in Săpânţa war für mich ein „unbedingtes Muß"! Bunte Teppiche hingen an einigen Häusern zum Verkauf aus. Eine Alte saß gegenüber vom Friedhof vor einem Webstuhl. Also auf Touristen ist man hier schon gut eingestellt. Auf dem Friedhof hat mir dann George viele Gräbertexte übersetzt. Und wieder einmal wird mir klar, daß diese Maramureş schon eine kleine kulturelle Enklave ist. Ich habe mir danach noch bei der Alten vom Webstuhl einen neuen Umhängebeutel gekauft.

Anschließend ging es zurück nach Sighet zur Besichtigung des Freilichtmuseums. Alte Holzhäuser, aus der ganzen Maramureş stammend, hier liebevoll restauriert und neu aufgebaut, werden so ohne Probleme ein weiteres Jahrhundert fortbestehen. Anschließend besuchten wir Georges Eltern in ihrem neuen Holzhaus in Vadu Izei. Ach ja, ich hätt' gern auch so eines! Nach einer ausgiebigen Kaffeepause fuhren wir nach Bârsana, um eine neue aus Eichenholz erbaute Kirche zu besichtigen. Es ist die erste neu erbaute Holzkirche einer griechisch-katholischen Gemeinde hier in dieser Gegend.

Zum Abend waren wir zurück in Botiza. Wie wird wohl am kommenden Tag das Wetter werden? Davon abhängig gestalten sich die nächsten Unternehmungen.

2.5.95

Ja, eigentlich wollte ich mit George ja heute ins Țibleș-Gebirge, aber das ist von dicken Regenwolken verhangen. Nun, so sind wir ins Iza-Tal gefahren und haben einen Alten besucht, dem wir beim „traditionellen" Netzfischen zugeschaut haben. Es gingen nur kleine Fische ins Netz, und da ich ja selbst kein Angler bin, so hat's mir gut gefallen. Aber zum Abend gab es bei George dann doch zum Essen reichlich Fisch. Gebratene Forellen! Am Abend habe ich mit George noch eine alte Dame besucht, die ganzjährig mit ihrem Webstuhl arbeitet. Auch der Gatte war zugegen. Er war wohl nicht bei guter Gesundheit, seiner Leber wegen, und sein Weib achtete sorgsam darauf, daß der Alte nur jeden zweiten Țuică mittrinken durfte. Na ja, im Prinzip war das schon großzügig, aber der Alte buffte mich ständig in die Seite und zwinkerte mir zu, ich solle doch den jeweils geradzahligen Țuică etwas hurtiger trinken. ABER, soviel will ich noch erwähnen: Ich habe noch einige gute Fotos gemacht.

3.5.95

Am Țibleș hing immer noch eine dunkle Wetterfront. Aber in Richtung Maramureș-Gebirge sah es freundlicher aus. Also habe ich mich mit George für das Wassertal entschieden. Natürlich mit einer für mich äußerst interessanten Einstiegsvariante. Wir fuhren zunächst mit Georges Auto nach Vișeu de Sus und stellten dieses bei Freunden unter. Dann fuhren wir mit einem Bergarbeiterbus der Nachmittagsschicht nach Băile Borșa. Im Ort machte der Bus eine Pause, denn die Bergleute gingen vor dem Dienstantritt erst noch zum Mittag in die Kantine. Anschließend fuhr der Bus weiter in Serpentinen das Toroiaga-Massiv hinauf zum Hauptbergbaugebiet. George kannte ja hier ziemlich jeden Mann, und er kennt hier jeden Stollen, der das Massiv duchzieht. Bereits 1991 durfte ich ja mit Bergleuten von Ivășcoaia aus in den Berg einfahren. Heute also gingen wir es von der anderen Seite des Toroiaga an und wollten also durch den Berg hindurch ins Wassertal wandern. Oben bei den Hauptstollen hielt dann der Bus. Es war schon ein lustiges Bild: die Bergleute allesamt in grauschwarzer Arbeitskluft, der George und ich in mehr farbenfroher Erscheinung, bepackt mit Rucksäcken, gingen wir in einen Stollen. Man grüßte sich, und niemand hatte ein Problem damit, daß ich hier als „nicht autorisierte Person" umherlaufe. Draußen am Stollen lag noch reichlich Schnee. George meinte, es könne sein, daß der Stollenausgang auf der anderen Seite des Berges noch zugeschneit ist. Dann müßten wir einen anderen Stollen nehmen. Also der Berg ist durchlöchert wie ein Käse. Und ich als „Minimäuschen" mittendrin. An einer Stelle kamen wir an einen sogenannten „geschlossenen Schacht". Der besteht aus einer gigantischen Betonröhre, die 200 Meter senkrecht in die Tiefe absteigt. Darin befinden sich zwei Aufzüge, die aber längst außer Betrieb sind. Ich leuchtete mit meiner guten Lampe in die Tiefe. Das Licht verlor sich ins Nichts. Eine schmale Eisenleiter führte hinab ins Dunkel. Mal von einem Schutzgitter umgeben und mal nicht. Hier mußten wir 40 Meter absteigen, um in eine andere Schachtebene zu gelangen. Mit den Rucksäcken war das manchmal nicht so einfach, denn auf diese Breite waren die teils vorhandenen Schutzgitter nicht eingerichtet. Aber alles lief hervorragend. Dann ging es weiter in der Waagerechten. Mit einemmal sahen wir von vorn ein Licht flackern. Sechs Grenzsoldaten aus dem Wassertal kamen uns entgegen und wollten wissen, wie hoch in den Gängen das Wasser steht. Dann verabschiedeten wir uns. Die Jungs hatten wohl Ausgang bekommen und wollten nun auf schnellstem Wege ins Vergnügen. Dann irgendwann blinzelte uns ein schwaches Tageslicht entgegen, und wenig später standen wir noch hoch am Toroiga und einer wundervollen in Schnee gehüllten Landschaft. Noch über eine Stunde stiegen wir ab bis zur Bergarbeitersiedlung Măcărlău. Die Bergleute hatte gerade ihre freie Woche und wir somit freie Betten. Nur ein Hausmeister war zugegen. George kannte den natürlich, und wir bezogen Quartier. Wir schalteten eine kleine Elektroheizung ein, und dann gab's Kaffee und Schokolade. Zum späteren Nachmittag sind wir dann runter zum Wassertal und ein wenig flußaufwärts geschlendert. An einem ehemaligen Stauwehr machten wir Rast vor einem malerisch gelegenen Forsthaus. Wir kamen auch mit dem Förster ins Gespräch, und er erzählte uns, daß erst kürzlich ein gut betuchter Deutscher hier war, um für 2.000 Mark einen Auerhahn zu schießen. Na ja, ich legte für den Augenblick wirklich keinen Wert darauf, ein Deutscher zu sein. Ich tröstete mich damit, daß es hoffentlich kein Ossi war (… denn denen fehlt noch das nötige Kleingeld …).

4.5.95

Gegen 9 Uhr sind wir von der Bergarbeiterstation Măcărlău aufgebrochen. Zunächst hinunter zum Vaser und dann flußabwärts immer am Vaser entlang. 37 Kilometer bis Vișeu de Sus, so zeigte das Streckenmaß der Kleinbahntrasse. Na ja, das Wetter war allerbestens, und wir erlebten ein Tal, in das sich der Frühling sanft hinaufarbeitete. Gegen 10 Uhr hörte ich ein leichtes schnaufendes Geräusch. Eilig setzte ich meine Kraxel ab und holte den Fotoapparat hervor. Die Anspannung war groß, und dann kam sie, die alte Dampflok mit den leeren angehängten Holzloren. Die Bedingungen waren phantastisch: gutes Sonnenlicht, der dunkle Qualm der Lokomotive, das schmale, dicht bewaldete Tal, der Vaser …

Einige Zeit später kam eine Dampflok von oben mit verschiedenen Anhängern. Die Lok hielt neben uns auf freier Strecke. Ob wir mitfahren wollen, rief uns der Lokführer entgegen. Leider nein, denn dieses Mal mochte ich schon gerne das Wassertal abwandern. Zumindest bis zum Abzweig Valea Scradiei.

Gegen 15.30 Uhr hatten wir uns eine Pause verdient. Wir machten ein kleines Lagerfeuer und brieten Speck und Schinken darüber. Aber bei aller Romantik soll nicht verschwiegen werden, daß der Marsch von solcher Länge nicht ganz von Pappe ist. Und insgeheim schmiede ich schon wieder Pläne im Kopf, betreffs einer mehrtägigen Wanderung durch dieses wunderschöne Tal. Am Abzweig Valea Scradiei kam auch wirklich gerade ein Auto und nahm uns für den Rest des Wegs bis Oberwischau mit.

Botizarianische Geschichte(n)

5.5.95

Ich bin erst gegen Mittag aufgestanden. „Oooooch, zwölf Stunden Schlaf", spottete Mirele und tischte sogleich das Mittagbrot auf. Am Nachmittag bin ich dann mit George ins Țibleş-Gebirge gewandert. Unser Ziel war ein Bärenjagdstand. Solche „Einrichtungen" gibt es einige in rumänischen Wäldern. Hier werden gelegentlich und über Jahre die Bären mit Fleisch gefüttert. Oft ist das Fleisch von verstorbenen Nutztieren oder so. Vor Ort und im nahen Umfeld fanden wir auch reichlich Bärenspuren, aber natürlich keinen Bären. Dennoch zeichnet diesen Jagdstand ein sehr kurioses Ereignis aus:

Zwei österreichische Jäger, oder sagen wir lieber Jagdbegeisterte, kamen angereist, einen Bären zu schießen. Nun, so gut, so schlecht, gingen diese unter fachkundiger Anleitung eines rumänischen Forstbeamten ans Werk. Die Dunkelheit nahte, die zwei kleinen „Schießwüter" hatten im Jagdhäusel Quartier bezogen, das Lockfleisch hing am Drahtseil, und der Bär hatte seinen Auftritt. Ein Schuß fiel, der Bär fiel, die scheinbaren Jäger gingen zum gefallenen Bären. Doch plötzlich stand Bär wieder auf und wollte attackieren, rumänischer Forstbeamter zog blitzschnell rum zum abermaligen Schuß. Bär fiel wieder um, Patronat wurde zum Jäger und kam als Querschläger zurück zu den „Schießwütern". Der eine Österreicher fiel zu Boden gleich dem Bären, der zweite hatte mit Sicherheit die Hose voll. Rumänischer Forstbeamter meldete schlimmen Fall, und der gefallene Österreicher wurde mit Blaulicht ins Krankenhaus nach Baia Mare gefahren. Den Rückflug in sein Heimatland hätte dieser dann wohl liegend vollzogen. Ob tot, dem Bären gleich, oder nur verletzt, der Unterhose des zweiten Österreichers gleich – wer weiß das schon genau. Will sagen, dies Ereignis zumindest lebt weiter als ein Baustein botizarianischer Geschichte!

Und wo wir schon bei der „botizarianischen Geschichtsschreibung" sind, wir liefen auf dem Rückweg nach Botiza über die Hochweidefläche von Botiza Poiana, da hakte ich bei dem George doch mal nach, was mir per Klatsch und Tratsch aus der nahen Metropole Baia Mare so berichtet wurde. Denn diese Hochweide ist ein sehr begehrter Weideort für das Vieh aus Botiza wie auch für jenes aus Poienile Izei. Nun versteht das Vieh nicht viel von den Dingen dort, aber was die Menschen angeht und das Kommunale, da ereignete sich eines Tages folgendes:

Das Dorf Poienile Izei war bis vor der Revolution 1989 der Gemeinde Botiza dazugehörig. Aber dann bewegte die Freiheit in den Köpfen das kommunale Geschehen hier entscheidend. Die Menschen aus Poienile Izei wollten ein eigenständiges Dorf. Doch schneller als die Politik war hier das Temperament der Leute. Es kam zu ersten Handgreiflichkeiten unter den Dorfbewohnern beider Dörfer. Aber schließlich wollten die Botizarianer nicht mehr das Vieh aus Poienile Izei auf die nahen Weideflächen bei Botiza Poiana lassen. Das war natürlich eine existentielle Frage, die zu intensiveren Streitgefechten führte. Aus dem nahen Baia Mare erzählten mir Leute, daß bei den Streitigkeiten auch eine kleine Brücke gesprengt worden wäre. Das aber konnte ich in späteren Recherchen nicht bestätigen. Viel interessanter aber war, daß eine kleine Delegation hoher Beamter aus Baia Mare vor Ort schlichten wollte. Das ging jedoch gründlich schief, und jene wurden erst einmal als Geiseln genommen. Fakt ist, daß im nachhinein sechs Männer aus Botiza für ein bis zwei Jahre inhaftiert wurden. Die betreffenden Weideflächen werden aber nun weiterhin von den Botizarianern genutzt. Was sich so gefährlich anhört, das ist es nur zum Schein. Denn viele Menschen aus Botiza und Poienile Izei sind miteinander verheiratet, und Schnaps zur Versöhnung gibt es hier eh genug. Da bekommt man wieder einen klaren Kopf!

6.5.95

Das Wetter war sehr schön, und so wanderten der George und ich ein weites Stück hinauf in Richtung Botiza-Paß. Am Nachmittag gab es dann bei George so etwas wie ein kleines Familienfest. Wir richteten uns im Obstgarten über Georges Haus gemütlich ein. George machte Disc. Schließlich wurde serviert, und es gab dazu eine exzellente Knoblauchtunke. „Vampire aller Länder, vereinigt euch!!!" Ich habe das Zeugs jedenfalls in mich „aufgesogen", hmmmmmmmmm!

7.5.95

George und Mirele fuhren mich heute mit dem Auto nach Cluj. Das paßte alles ganz gut zusammen, denn sie wollten hier noch eine Verwandte besuchen. In Cluj setzten sie mich direkt vor Roberts Wohnung ab. Wir verabschiedeten uns herzlich.

Robert war noch unterwegs, aber seine Frau Lili versorgte mich vorzüglich. Der Abend mit Robert wurde noch lang, denn wir hatten uns ja im letzten Jahr nicht gesehen. Ich brauchte nun erst einmal Roberts Rat, wie ich wohl am nächsten Tag möglichst schnell nach Gârda de Sus kommen würde. Er empfahl mir zunächst die Mocăniţa, eine Kleinbahn, die von Turda bis Câmpeni fährt.

Aufbruch ins Bihor-Gebirge

8.5.95

Um 5.30 Uhr Wecken. Robert hat mir schnell ein paar Spiegeleier gebraten, und dann fuhr er mich mit dem Auto nach Turda. Gegen 6.35 Uhr stieg ich in die Kleinbahn und fuhr nach Câmpeni. Der Trassenverlauf der Mocăniţa ist wunderschön. Für die Strecke von ca. 100 Kilometern brauchte die Bahn etwa vier Stunden. Ich lernte nette Leute im Zug kennen. In einem Ort war Markt, und es stiegen alte Frauen mit Federvieh zu. Eine andere Bäuerin mit ihrer Tochter saß mir gegenüber, und wir kamen ins Gespräch. Ja, wo ich hinwill? Gârda de Sus. Hmmm, sehr schön sei es da, aber in ihrem Dorf sei es auch sehr schön, ich könnte bei ihr im Haus auch gut übernachten, Platz sei ja genug. Ja, sagte ich, aber meine Zeit reiche nicht. Ich ließ mir dennoch die Adresse geben. Um 11 Uhr Ankunft in Câmpeni und gegen 12.30 Uhr Weiterfahrt mit einem Bus nach Gârda de Sus. Dort war ich gegen 14 Uhr. Dann hieß es, zweieinhalb Stunden Fußmarsch durch eine wunderbare Landschaft zu bewältigen. Im Valea Ordencuşa ein kurzer erneuter Besuch der Peştera Poarta lui Ionel, und schließlich hielt ich noch an dem Haus einer bekannten Alten und gab Fotos und Schokolade ab. Dann war es nur noch ein kurzer, schwerer Aufstieg über einen tollen Schleichpfad, und ich war bei meiner befreundeten Familie nahe der Scărişoara-Eishöhle. Julia und ihre Tochter waren im Haus. Der Schwiegersohn aber war leider mit dem Pferdewagen unterwegs, um seine Holzfässer zu verkaufen. Ich wollte die Zeit am frühen Nachmittag noch nutzen und ging mit kleinem Gepäck zur Scărişoara-Eishöhle. Die Alte mit dem Schlüssel ließ mich passieren und ging wieder zum Haus zurück. Ich hatte so in aller Ruhe Zeit für neue Fotos. Denn ich mußte feststellen, daß das Fotografieren von Eisformationen in Höhlen wirklich ein Dilemma sein kann. Denn die Dinger absorbieren das Blitzlicht wie nichts. Bei meiner ersten Begehung im

Vorjahr sind nur einige Nahaufnahmen gelungen. Aber der Rest
... Nun, über eine Stunde schlich ich durch die Höhle und genoß
die Stille. Zum Abendessen war ich dann bei Julia eingeladen.
Aber zuvor wurde erst einmal auf der wunderschönen Wiese vor
dem Haus das Zelt errichtet, und dann habe ich Julia noch Fotos
überreicht, die ich hier im letzten Jahr gemacht hatte. Nach dem
Abendbrot meinte Julia, mir noch etwas ganz Besonderes anbieten zu können. Und dann kam sie mit einer Flasche und goß mir
ein Gläsel daraus ein, und ich war baff. Es war dieses Wodka-
Kümmel-Zucker-Rezept von Dorin, welches er hier im Vorjahr
zusammengebraut hatte. Das gefiel Julia so gut, daß dieses Getränk hier gute Chancen hat, zum Nationalgetränk zu avancieren!

9.5.95

Um 8 Uhr Frühstück. Eier, Käse, Milch und Speck, alles aus eigenem Hause. Aber vor allem die Eier haben es mir hier angetan.
Die sind hier absolute Spitzenklasse!!! Julia wußte von meiner
Vorliebe und hat entsprechend vorgesorgt. Ich in Folge dann auch.
Draußen regnete es, und ich ließ mir Zeit. Gegen 11 Uhr war es
dann günstig zum Abmarsch. Ich verabschiedete mich, und dann
wanderte ich über einen wirklich malerischen Pfad ins Valea
Gârda Seacă. Und weiter führte eine Forststraße zu dem kleinen
Bergdorf „Casa de Piatre". Eine sehr schöne Höhle gibt es hier,
und daß die verschlossen war, daß wußte ich auch. Also erkundigte ich mich nach dem „Chef", welcher den Schlüssel für die
„große" Höhle hat. Ja, da müßte ich den einen Weg hier bis ganz
oben zum vorletzten Haus. Dort angekommen, machte ich erst
einmal Rast am nahen Bach, denn ich hatte einen wahren Durst.
Eine stramme Bäuerin war vor dem Haus beschäftigt. Ich frug
nach dem „Chef". Nun, der wäre noch unterwegs, müsse aber
bald wieder eintreffen. Ich vertrieb mir die Zeit am Bach und
löschte weiter meinen Durst. Schließlich kam der Gatte, und ich

will sagen, ein ausgewachsenes Schlitzohr. Nach meiner Frage nach der Höhle antwortete der mir, daß die verschlossen wäre und nur Forscher Zutritt hätten, na, von der Universität eben. Ja, war ich eindeutig nicht. Ich überlegte kurz und tat dann einen auf lässig und sagte, na ja, wenn die Höhle zu ist, was soll's, schließlich war ich ja in der Scărişoara-Eishöhle, und DIE wäre ja eh die Schönste hier weit und breit. Nun war mein Freund schwer getroffen. Der erwiderte sofort, daß das nicht stimme und diese Höhle hier viel schöner sei. Na ja, wer mich kennt, weiß, wie es weitergeht. Regelrecht theatralisch verneinte ich die Aussage meines Gegenüber, bis der ins Haus ging und die Karbidlampe holte. Aber das kostet was, sagte er noch, und ich nickte wohlwollend. Ich ließ meinen Rucksack am Haus. Taschenlampe und Fotoapparat zur Hand, und dann ging es los in jene Höhle namens „Peştera Ghețarul de la Vârtop".

Also ich war anschließend äußerst entzückt, und der „Chef" sah es wohlwollend. Ich entrichtete einen kleinen Obulus und wollte meine Wanderung fortsetzen. Also so einfach ginge das nicht, denn jetzt sei ich erst einmal zum Essen eingeladen. Zum Abschied machte ich noch ein Familienfoto. Eine wahre Freundschaft ward geschlossen, und ich wußte schon jetzt, daß es nicht lange dauern dürfe, bis ich wieder hier bin.

Mittlerweile war es 17 Uhr, aber ich wollte dennoch ein Stück vorwärtskommen. Also auf das Säckel und vorwärts! Ich wanderte das Valea Gârdişoara weiter hinauf. Ein schöner Izbuc, „Gura Apei", kommt später zur Rechten (Izbuc ist eine Art Höhle, aus der plötzlich ein unterirdisch verlaufender Bach hervortritt und von da ab „über Tage" weiterfließt). Ein Gewitter zog auf, und es begann zu regnen. Irgendwann kam ich an eine Waldhütte. Es war ein Blockhaus mit kaputten Fenstern, aber immerhin mit einem fast intakten Dach. Kaum war ich in der Hütte, da ging ein rechter Regenschauer ab. Wenig später floß neben der Hütte ein Bach, der vorher nicht existierte. Ich baute in der Hütte mein Zelt auf. Anschließend wurde mit einigen Brettern Tisch und Bank improvisiert, und dann kochte ich mir erst einmal einen ordentlichen Kaffee. Ich saß am offenen Fenster, und die Stimmung war einzigartig. Die Blitze zuckten am Himmel und erhellten kurzzeitig den gespenstischen Wald. Die Bäume wogten im aufziehenden Wind. Und mir ging es im Grunde hier richtig gut. Hätte ich mich jetzt entschlossen, hier eine Fortsetzung der Dracula-Legenden zu schreiben, die Stimmung jedenfalls war dafür bestens geeignet. In der Nacht wurde das Wetter wieder ruhiger.

10.5.95

Gegen 9 Uhr bin ich zur Cabana Padiş aufgebrochen. Unterwegs sah ich einige Stânas in sehr schöner Umgebung, und bereits gegen 11 Uhr hatte ich die Cabana erreicht. Die Gegend ist in dieser Jahreszeit noch menschenleer. Auch die Cabana war verschlossen. Ich ließ meine Kraxel hier zurück und erkundete weitere Gebäude, die sich ganz in der Nähe befanden. Da stieß ich auf zwei Herren, die hier mit Renovierungsarbeiten beschäftigt waren. Sie verwalteten auch die Cabana, und wenig später konnte ich dort Quartier beziehen. Am Nachmittag inspizierte ich dann gründlich das Padiş-Plateau. Interessante Gegend hier, viele Izbuce und Ponore. Die Wege in den angrenzenden Wäldern waren noch unter tiefem Schnee verborgen. Gelegentlich fand man eine Markierung.

Am Abend saß ich gerade in meiner Stube beim Tagebuch, da trat plötzlich, ohne anzuklopfen, ein kräftiger Kerl im Military-Look ein. An seinem breiten Gürtel hing ein übergroßes Survival-Messer. Recht aufdringlich war er und frug mich, woher ich komme. Aus Deutschland-Ost, sagte ich und stellte die Gegenfrage. Er ist mit einem Freund hier. Sie sind aus Oradea und wollen hier zur Wolfsjagd. Ob ich einen Paß hätte, wollte der „Rambo" wissen, und ich beantwortete die Frage damit, daß ich ja sonst nicht hier sei. Ob in dieser Jahreszeit denn noch die Wölfe im Rudel zusammen seien?!? Diese Frage stellte ich da mehr provokant. Denn die Bedingungen sind ja derzeit nicht die günstigsten. Der Schnee liegt zwar in den Wäldern der Nordhänge noch mitunter recht hoch, aber er ist an der Oberfläche ziemlich verharscht. Er trägt einen Wolf, ohne daß Spuren zurückbleiben. Ich betone, daß er bei seinem Unterfangen doch ein ziemliches Glück bräuchte. Ich tat einfach so, als hätte ich Ahnung. Der Typ hatte in jedem Falle nicht allzuviel davon, aber immerhin ein Gewehr, mit dem er am Abend draußen noch einige Schießübungen machte. Nun hatten wir eine andere Gesprächsbasis miteinander, und als ich im sich fortsetzenden Talk noch meine Bärengeschichte vom Retezat aus dem Jahre 1991 hervorholte, da hatte ich „die Hosen an". Ich hatte es im Prinzip mit einem modernen abenteuersüchtigen rumänischen Großstadtmenschen zu tun. Das war's auch schon.

11.5.95

Für die Übernachtung habe ich 5.000 Lei bezahlt, und gegen 10 Uhr bin ich dann aufgebrochen. Mein Ziel war die Gegend beim Forsthaus „La Grajduri". Von da war es nicht mehr weit zur „Cetăţile Ponorului". Ich mußte einen rechten Umweg laufen, sozusagen immer auf dem Forstweg entlang. Gegen Mittag war ich am Ziel und baute mein Zelt auf. Die Wiese hier liegt sehr schön, und mittendurch verläuft jener Bach, der durch das Valea Cetăţilor schließlich im Kessel der „Cetăţile Ponorului" im Gesteinsschutt verschwindet. Ich war gerade beim Kaffee, da zog ein Regen auf. Nicht sehr stark, aber eben für Erkundungen in der Umgebung nicht gerade stimulierend. So blieb ich im Zelt. Am Abend zog der Regen ab, und ich machte mir ein schönes Lagerfeuer. Es gab gebratenen Speck!

12.5.95

Ich bin erst gegen 9 Uhr erwacht. Um 11 Uhr war gepackt, und ich wanderte in Richtung „Cetăţile Ponorului". Fast hätte ich den kleinen Pfad, der zu den tiefen Einblicken in die riesige Doline führt, verpaßt. Und dann war ich da, am „balcon 4" (eine der Aussichtsplattformen, von der aus wunderschöne Einblicke in die jeweilige Doline möglich sind) der „Dolina 2". Wo war ich, wie entzückt war ich, wie klein war ich, und wann werde ich wiederkommen!?!? Lange habe ich hier und an den weiteren Aussichtspunkten – „balcon 3 / Dolina 2", „balcon 2 / Dolina 3", „balcon 1 / Dolina 3" – pausiert. Die Tiefe der „Dolina 2" beträgt 100 Meter und die der „Dolina 3" 120 Meter. Ja, und dann das Höhlensystem dort unten. Aber das nächste Mal soll's dran sein. Ich wollte ja zunächst weiter zum Avenul Borţig, der mitten auf dem Bergkamm in über 1.000 Metern Höhe liegt. Dazu allerdings mußte ich nun an einem bewaldeten Nordhang durch teils noch tiefen Schnee hinauf. Gelegentlich sah man an einem Baum die Markierung „gelber Punkt". Oft sank ich tief ein im Schnee. Ohne die schwere Kraxel wäre es möglicherweise nicht so eine Qual geworden. Aber der Wald war sehr urtümlich und wild. Bärenspuren im Schnee. Oben auf dem Berg fand ich den Schacht „Avenul Bortig" recht einfach. Sehr schön anzusehen! Nach kurzer Pause stieg ich dann den Südhang hinunter zur „Poiana Florilor". Es war wie ein Zauber: kein Fetzen Schnee mehr, ein lichtdurchfluteter Wald, und auch der Bär wollte wohl auf diese Seite des Berges, denn mitten auf dem absteigenden Pfad hinterließ er wieder seine Spuren. Kurz vor Poiana Florilor ging ich hinunter zum „Izbucul Galbenu", ein Wiedersehen sozusagen mit dem Wasser aus dem Valea Cetăţilor. Dieses fließt nämlich in dem Höhlensystem der Cetăţile Ponorului mit noch anderen unterirdischen Bachläufen (so auch den gelegentlichen Wasserläufen aus der Peştera Căput) zusammen, passiert durch unendliche Labyrinthe, quasi weit unter dem Avenul Borţig, ein ganzes Bergmassiv. Das Wasser strömte äußerst kraftvoll aus dem Izbuc hervor. Hier stieg ich weiter ab ins Tal. Nahe dem Izbucul Galbenu fand ich reichliche Bestände von „wildem Knoblauch". Er stand kurz vor der Blüte. Nur vereinzelte Knospen waren schon erblüht. Ich pflückte mir einige Blätter für die abendliche Suppe. Unten kam ich auf eine Forststraße und lief den Weg in Richtung Pietroasa. Ein kurzes Stück des Wegs kam ein verlassenes Gebäude. Ich inspizierte dieses, und siehe da, in einem der Räume war Stroh ausgelegt. Ideal für mein „Nachtquartier"! Nach dem Einrichten und einer Kaffeepause machte ich mich auf zu einer kleinen Tour der näheren Umgebung. Beschnupperte die Höhle „Peștera din Peretele Gardului" und andere kleine Höhlen. Allmählich kam die Dämmerung herein. Zeit für die abendliche Suppe! Gegen Mitternacht wurde ich plötzlich wach. Ein unheimliches knisterndes und knackendes Geräusch ging durch das verlassene Waldhaus. Zuerst dachte ich, es wäre der nächtliche Temperaturwechsel, der das Gebälk arbeiten ließ. Aber dem war nicht so. Das Geräusch war auf einmal unmittelbar neben mir und nahm bekanntere Klangfarben an. Das Knistern meiner Plastiktüte mit den Brotvorräten erschallte. Da war's mir klar, daß dies eine Maus war. Ich leuchtete mit der Taschenlampe. Mäuschen schaute mich an und zog sich zurück durch ein Loch im Mauerwerk. Ich hab's gestopft mit altem Zeitungspapier. Wenig später – Licht aus, und wieder war sie da, die Maus! Also mit dem Papier hatte ich der nichts entgegenzusetzen, und dem Loch in meinem Plastikbeutel nach hätte ich's ja wissen müssen. Also schlossen wir zwei einen Kompromiß. Mäuschen zunächst Rückzug durchs Loch, ich habe mich dann als kleiner Samariter versucht und einen Kanten Brot vor das Loch gelegt. Damit zeigte sich „Knabbermaxe" einverstanden und schleckerte fein an seinem Anteil rum. Ich bin dann wieder eingeschlafen.

13.5.95

Heute war ja die „Peștera Urșilor" mein Tagesziel. Gegen 10 Uhr wanderte ich los. Der Weg oberhalb der Cheile Jghiabului war wunderschön. Das frische kräftig helle Grün der Laubbäume war ein irrer Anblick. Der Weg nach Pietroasa war lang, ca. 13 Kilometer. Aber wie würde ich auf schnellstem Wege rüber nach Chiscău zur Bärenhöhle kommen? Ein kleiner Junge in Pietroasa zeigte mir eine Abkürzung, direkt über einen Berg. Und es ging wirklich ruck, zuck. In Chiscău schlug ich bei einer Cabana mein Zelt auf, und gegen 16 Uhr machte ich mich eiligst auf den Weg zur Bärenhöhle „Peștera Urșilor". Ich zahlte 3.000 Lei Eintritt und 5.000 Lei für eine Fotolizenz. Und dann ging es mit der nächsten Führung hinein, in die schönste touristisch erschlossene Höhle Rumäniens. Ich war wirklich begeistert und entschloß mich sogleich für einen zweiten Rundgang. Da erließ man mir aber die Kosten für die Fotolizenz. Es war die letzte Führung des Tages, und so kam ich hinterher noch mit den Führern ins Gespräch. Ich kündigte mich dann noch einmal für den nächsten Tag an.

14.5.95

Gleich früh mit der ersten Führung ging ich wieder durch diese wunderschöne Höhle. Heute hatte ich die Begehung kostenlos. Anschließend bin ich gleich runter zu den Touristenbussen. Eine Schulklasse aus Oradea stieg gerade ein, und ich erkundigte mich beim Busfahrer, ob ich da mitfahren könne. Ein kleines Entgelt, und die Sache war geritzt. Kurz vor Oradea ließ ich mich in Băile Felix absetzen und besichtigte diese hübsche Kur- und Bäderanlage. Mit dem nächsten Bus ging es dann weiter nach Oradea, und da hatte ich mit einem Zug auch gleich Anschluß nach Cluj-Napoca. Am Abend saß ich dann schon wieder gemütlich mit Robert und seiner Familie beisammen und wertete meine Erlebnisse aus. Robert hatte einen tollen Höhlenführer in seinem Besitz. Ich bat um Erlaubnis, mir am kommenden Tag Teile dieses Buches in der Stadt kopieren lassen zu dürfen. Es war O.K. Oh, hätte ich diese Infos schon vor meiner Reise im Kopf gehabt, dann wäre meine Bihor-Tour wohl noch um einiges intensiver ausgefallen. Aber ich war schon froh, jetzt so etwas wie ein Gefühl für dieses Gebirge entwickelt zu haben.

15.5.95

Zuerst bin ich früh in die Stadt zum Touristikbüro der Bahn. Da ließ ich mir meine Schlafwagenkarte für die Rückfahrt reservieren. 80.000 Lei kostete das, aber ich weiß eine entspannte Rückfahrt zu schätzen. Dann war die Librăria dran, der große Buchladen im Zentrum von Cluj. Leider war der Kopierer defekt, aber ich solle noch einmal in einer Stunde wiederkommen. Das tat ich auch, und der Kopierer tat das seine, und ich saß anschließend in einer Pizzeria und verzehrte die kopierten Seiten mehr als die Pizza. Nun konnte ich mich daheim in aller Ruhe auf die nächste Bihor-Tour vorbereiten. Am Nachmittag habe ich noch einmal den schönen Botanischen Garten von Cluj besucht. Es lohnt sich immer wieder. Am Abend dann ein letztes Zusammensitzen mit meinen Freunden.

16.5.95

Rückreise ... schöne Sch...e!

Auf Schusters Rappen durchs Retezat-, Godeanu- und Cerna-Gebirge (1995)!

16.8.95

Gestern nach dem Frühdienst galt es noch schnell einige Besorgungen zu machen, dann Packen in Rekordzeit. Kurz nach Mitternacht (0.08 Uhr) hatte ich in Berlin-Schönefeld im Schlafwagen Quartier bezogen. Bis Deva gibt es jetzt nichts mehr zu tragen! Der rumänische Conductor vom Schlafwagen kam mit meiner Fahrkarte nicht zurecht. Auf dieser stand als Zielort „Mediaş", wohingegen auf dem Schlafwagenticket „Deva" vermerkt war. Der Computer hat keine bessere Reservierung hergegeben, und so mußte sich der Conductor wohl oder übel damit begnügen. Gegen 23.10 Uhr kam ich dann mit etwas Verspätung in Deva an. Während der Einfahrt nach Deva schaute ich durch die große Türscheibe in die Dunkelheit. Es spiegelte sich der Hintergrund, und so konnte ich beobachten, wie sich ein dicklicher Zigeuner mittleren Alters an meinem hinter mir stehenden Rucksack zu schaffen machte. Angeblich ebenfalls interessiert an einem Schulterblick in die Dunkelheit, öffnete dieser die rechte Seitentasche von meinem Rucksack. Rechte Tasche? Ach ja, da ist ja meine abgeknabberte uralte Plastiktasse und Klopapier verstaut. Da ließ ich meinen stillen Hintermann erst einmal forschen. Dann kam der Griff zur linken Seitentasche. Linke Tasche? Oh, Kameraobjektiv und so. Ich renkte meine Schultern und drehte mich dann rein zufällig um. Dem Zigeuner standen Schweißperlen auf der Stirn. Ich mußte lachen, versuchte dies aber mehr als überschwengliche Freundlichkeit zu tarnen. Das Dickerchen ging von dannen. Ich schloß die rechte Seitentasche. Dickerchen kam wieder zurück und schaute auch gleich auf die geschlossene Seitentasche. Nun gab ich mir aber keine Mühe mehr, mein Lachen zu verbergen. Ich wäre wohl sonst geplatzt vor Anspannung. Schließlich will ich ja hier wandern und nicht platzen. Der Zug fuhr in den Bahnhof ein. Meine Freunde Venu und Dorin aus Pui erwarteten mich schon. Und weiter ging es dann mit dem Auto nach Pui.

17.8.95

In Pui angekommen, gab es zuerst ein reichliches Abendbrot. Gegen 3 Uhr in der Frühe brachte uns Venu noch zu Dorins Domizil. Bis 4.30 Uhr saßen wir wir noch auf „einen" Țuică beisammen. Zum späten Nachmittag standen wir wieder in der Öffentlichkeit. Wir fuhren nach Ohaba Ponor, weil ich dort Formationen versteinerter Muscheln fotografieren wollte. Foarte interessant! Ein junges Mädchen zeigte uns die schönsten Stellen. Und anschließend zeigten uns deren Eltern den womöglich „schönsten" Țuică. Schließlich haben wir noch eine weitere Familie in Ohaba Ponor besucht. Sehr gute Freunde von Venu. Da wurde erst einmal die hauseigene Schnapsdestille inspiziert. Irgendwie hatte ich erwähnt, daß ich sehr gerne Speck esse. Ich mußte dann sofort in die ebenfalls hauseigene Speckkammer schreiten. Da hing Schwarte an Schwarte. Riesig!!! Das Paradies ist eben oft näher, als wir glauben. Spät in der Nacht verabschiedeten wir uns, und natürlich hatte ich auch ein recht großes Stück Speck im Gepäck, für meine Bergtour eben.

18.8.95

Heute stand eine befreundete Familie im Fizești-Tal auf dem Programm. Wir liefen zwei Stunden bis hinauf zu Familie Danuț. Als wir am Haus ankamen, sahen wir die Familie weit oben am Berg beim Heumachen. Venu ließ seine Stimme erschallen, und Dans Frau kam sofort hinab, um uns erst einmal zu bewirten. Frau Danuț und die beiden Großmütter des Hauses bereiteten uns das Essen. Und damit hatte ich hier auch schon reichlich Erfahrung. Pünktlich zum Essen kam auch Dan mit seinen zwei Söhnen ins Haus. Ich hatte mich schon gefreut auf ein Wiedersehen. Und ebendieses würdigten wir dann bis tief in die Nacht hinein.

19.8.95

Dieser Tag ist schon früh um 1 Uhr einem ersten Höhepunkt entgegengegangen. Wir sind immer noch bei Dan und beherrschen die Sprache, gleich welche auch immer, nicht mehr so ganz fließend. Wieder einmal machte ich die Erfahrung, daß dieser „Sprachhemmer Ţuică" vor Nationalitäten kein Halt macht. Aber auch wir waren nicht mehr zu halten und begannen mit dem Abstieg ins Valea Streiului nach Pui. Wir sangen laut, und unsere Sprachunterschiede konnte man wohl nur noch als Dialekte ausmachen. Das gab dem Gesang aber dafür einen gewissen Gleichklang. An einem steilen Abhang ist Venu etwas vom Weg abgekommen, und ich sah im Mondschein zwei hilfesuchende Hände an der abschüssigen Wegeskante. Dorin war noch vor mir zur Stelle, was lediglich zur Folge hatte, daß ich nun beide Freunde hinaufziehen mußte: einen 59jährigen Schuldirektor und einen 46jährigen Bahnelektriker. Ob ich wohl auch mal so werde? Oder war ich so schon? Oder war es schon einmal, wie es werden könnte? Aber zum Philosophieren war ja eh keine Zeit, denn kurz vor Pui kam noch ein kleinerer Ort namens Galaţi, und da war noch Lärm auf einem Bauernhof gegen 3.50 Uhr. Eine neue Gaststätte wäre hier, und da ich ja ständig bestrebt bin, mein Insiderwissen aufzufrischen, so gingen wir hinein. Erstaunlich, wie viele Menschen eigentlich „nachtaktiv" sind. Früh um 6 Uhr waren wir dann in Pui. Wir versteckten uns vor der Sonne. Ob Dracula wohl ein Alkoholiker ist? Gegen Mittag sind Dorin und ich erwacht. Nun zeigten sich die Spuren der Nacht. Einige Tage zuvor hatte Dorin neue Turnschuhe von seiner Frau geschenkt bekommen. Na ja, die taugten nun nicht einmal mehr für die Gartenarbeit. Mit neuem Schuhwerk machten wir uns dann auf zu Venu. Wir waren zum Mittag eingeladen. Venus Frau gab uns schon an der Tür zu verstehen, daß der Gatte Fußprobleme hatte. Die Schuhe waren zwar noch heil, aber beide Hacken waren von je einer großen Blase gepolstert. Venu kam uns „federnd" entgegen. Aber zum Essen braucht man keine Füße. Gegen Mittag wollten wir ja eigentlich mit einem LKW hinauf ins Retezat zur Stâna de Râu (ca. 1.600 Meter) fahren. Eine Übernachtung im dortigen Forsthaus mit Freunden war geplant, und nun der LKW defekt. Venu hat aber schon einen anderen Freund gesprochen, der mit uns hinauffährt. Es dauerte auch nicht lange, da war er ran. Das besagte Auto ein 30 Jahre alter Wolga, und ich hütete gewisse Zweifel in mir. Insgesamt fünf Personen, meine große Kraxel und weiteres diverses Gepäck. Steinige Forstwege über 40 Kilometer mit einem Höhenunterschied von etwa 1.100 Metern. Irgendwann saßen wir im Auto, und die Fahrt ging los. Nach etwa fünf Kilometern qualmte es unter der Motorhaube hervor. Der gelassene Fahrer stieg aus, öffnete die Haube und sagte etwas wie „nietscha Problemä". Venu nutzte die Zeit, um noch von einem Acker ganz in der Nähe Maiskolben zu ernten. Die paßten auch noch ins Auto. Nach zehn Minuten ging es weiter. Gegen 16 Uhr machten wir auf halber Strecke eine ausgiebige Rast. Der Fahrer und Dorin holten ihre Angeln hervor und liebäugelten mit den Forellen. Nach einer Stunde hatte Dorin eine Forelle und der Fahrer 13. 14 geteilt durch 5, das klingt schon ganz gut. Dann fuhren wir weiter. Das Gelände wurde immer steiniger, und oft mußte der alte Wolga mehrmals Anlauf nehmen, nachdem wir kurz ausgestiegen waren. Gegen 17 Uhr dann Ziel erreicht. Zum Forsthaus war es noch ein kurzer steiler Aufstieg zu Fuß, und schnell hatten wir uns eingerichtet. Der Wolgafahrer bereitete die Forellen über einem Feuer zu. Äußerst lecker! Schließlich feierten wir bis tief in die Nacht und aßen und tranken und aßen und tranken … Und wie damals bei meiner ersten Nacht in diesem Forsthaus zerrten auch in dieser Nacht wieder die Fallwinde am alten Gebälk.

20.8.95

Um 9 Uhr Morgenwäsche. Es war sonniges Wetter. Nach einem gemeinsamen Frühstück trennten sich dann unsere Wege. Ich ging auf Wanderschaft, und meine Freunde fuhren wieder hinab nach Pui. Um 11 Uhr verabschiedeten wir uns, und ich ging es an. Schweres Gepäck und steiler Aufstieg zur „Fereastra Custurii" (ca. 2.250 Meter). Schade, die alte knorrige Zirbelkiefer ein Stück über Stâna de Râu war fort. Nach zweieinhalb Stunden war ich oben am Paß. Guter Schnitt, aber dafür schlechtes Wetter. Schon beim Aufstieg zogen von dort schwarze Wolken ins Tal. Die Sicht war sehr kurz, und der Wind blies einem den Nieselregen ins Gesicht. So ist das halt in einer Wolke. Der Weg führt hier über bloßes Bruchgestein, und ich verlor in dem Nebel etwas die Orientierung. Ich kam zu weit links und war bereits über den „Vârful Păpuşa Custurii" (2.209 Meter) hinweg, da öffnete sich ein Wolkenloch, und ich bemerkte den Irrtum. Also ein Stück zurück und dann links. Jetzt klarte das Wetter auch zunehmend auf. Im Sonnenschein schlug ich dann mein Zelt an einem der kleinen Bergseen am „Plaiul Mic" (1.879 Meter) auf. Lange hatte ich eine Übernachtung hier ersehnt, aber in den Vorjahren waren die zwei kleinen Bergseen immer ziemlich ausgetrocknet. Jetzt aber hatten sie gut Wasser, und so erfreute ich mich an dem Panorama auf die größten Berge vom Retezat. Ich hatte mich gerade eingerichtet, da kam eine Gruppe junger Leute. Es waren Medizinstudenten aus Cluj, und sie machten hier eine ausgiebige Rast. Besonders mit einer Dame namens Monika kam ich richtig gut ins Gespräch. Der Abend war noch wunderschön, und in der Dämmerung beobachtete ich Fledermäuse, die flach über den See schwirrten und auf was auch immer Jagd machten. Spät in der Nacht ging ein gewaltiges Gewitter los, und es dauerte lange an.

21.8.95

Heute war es dann endlich so weit, daß ich in rumänischen Bergen wieder neue Wege beschritt. Es ging am Drăgşanu-Gipfel seitlich vorbei. Dann vor dem Aufstieg zum „Căpătâna Albelor" eine vorerst letzte Wasserstelle. Schließlich weiter hinweg über den „Căpătâna Albelor (1.940 Meter). Ich genoß den Blick auf den „Piatra Iorgovanului" (2.014 Meter). An diesem angekommen, kam ich mit einem Hirten namens Mihai ins Gespräch. Er bat mich schließlich, von ihm ein Foto zu machen. Nach einem Adressentausch ging ich dann weiter. Bei „Şaua Paltina" eine Doline nahe am Pfad. Bei dichtem Nebel nicht ganz ungefährlich. Wegemarkierungen gab es hier keine mehr. Dann lief ich weiter, ein Stück rechts unterhalb des weiteren Kammverlaufes. Es traten zwei glückliche Umstände ein: Zum ersten fand ich ein kleines Rinnsal und einige Meter weiter eine wunderschöne Mulde, mitten am Berghang. Es war bereits 16.30 Uhr, und was lag da näher, als hier das Zelt aufzuschlagen. Ein wirklicher Geheimtip, diese Stelle hier. Bei schönstem Sonnenschein bereitete ich Kaffee, flickte meine Wanderhose und führte Tagebuch. Am Abend wurde ich mit einem wunderschönen Sonnenuntergang belohnt, und in den Tälern lagen die Wolken wie Federbetten darin.

22.8.95

Gegen 10 Uhr brach ich auf zum Kamm, und siehe da, eine Farbmarkierung. Die Strecke führte viel über Grasland hinweg, mit einigen kurzen steilen Aufstiegen. Auf dem Weg zwischen dem Galbena-Gipfel (2194 Meter) und dem Micuşa-Gipfel (2175 Meter) hatte ich einen schönen Blick, auch auf das Ţarcu-Gebirge. Nun verlor ich wieder die Orientierung. Ich hielt mich immer ziemlich am Kammverlauf. Ein letztes Stück lief ich dann noch gemeinsam mit einem Hirten bis zum Lacul Scărişoara. Um 15 Uhr war das Tagesziel erreicht. Zeltaufbau und Kaffeezeit im Sonnenschein. Gerade wollte ich den Kaffee aufbrühen, da kamen pechschwarze Wolken über den Piatra-Scărişoarei-Gipfel herein. Ich schaffte es noch ins Zelt, und ein wahrer Hagelschauer ging ab. Es dauerte nicht lange, da schien wieder die Sonne, und ich erkundete ein wenig die Umgebung. Und wieder kamen dunkle Wolken auf. Also schnell zum Zelt, und nun gab es ein prächtiges Gewitter und reichlich Regen. Gegen 18 Uhr sah ich nacheinander zehn Leute mit Kraxeln vom Vf. Piatra Scărişoarei hinabsteigen. Im strömenden Regen errichteten sie ihre Zelte und flüchteten hinein. Um 20 Uhr lag Stille über dem Bergsee, und ich ging zu den anderen Zelten hinüber. Aus einem Zelt schaute eine ziemlich geschaffte junge Dame, und ich frug auf rumänisch nach dem Chef der Gruppe. Sie deutete auf das Nachbarzelt. Ich klopfte an, und ein junger Mann kam heraus. Ich erkundigte mich bei ihm nach Kartenmaterial vom Cerna-Gebirge. Er borgte es mir, und ich skizzierte meine weitere Wanderstrecke. Bis zum Einbruch der Dunkelheit unterhielten wir uns in schlechtem Rumänisch. Dann kam die gegenseitige Frage nach der Herkunft. Die Leute waren polnische Studenten, und wir lachten uns fast zu Tode, denn der eine kann sowenig Polnisch wie der andere Deutsch. Aber auf Rumänisch ging's. Ei, war das lustig!

23.8.95

Um 9 Uhr war ich mit dem Frühstück fertig und ging zu den Polen rüber. Mit wenig brennbarem Material wollten sie Schafsfleisch braten. Sie hatten die Fleischstücken auf Draht gezogen und in die Asche gelegt. Prinzipiell richtig, nur: Wenig Asche gibt wenig Glut, und so blieb das Fleisch ziemlich roh. Aber die acht Frauen und zwei Herren waren gut drauf und begnügten sich mit dem, was sie hatten. Die eine Polin meinte nun zu wissen, warum man die Polen noch nicht in die EG aufgenommen hat. Nämlich weil sie immer rohes Fleisch zwischen den Zähnen hätten. Wir lachten, was das Zeug hielt. Dann packte ich meine Sachen, machte noch ein Gruppenfoto von uns und verabschiedete mich gegen 11 Uhr. Oben am Piatra Scărişoarei angekommen, winkten wir uns noch mal zu. Hier oben war ein dichtes Grasland und ein ziemlich großes Plateau, von dem sechs Pässe abgehen. Welcher mag wohl der richtige sein? Ich nordete meine Karte ein, und dann war alles klar. Der Weg war sehr schön, bei leicht

sonnigem Wetter. Ich hatte schöne Ausblicke auf den „Vf. Gugu",
mit 2.291 Metern Godeanus höchster Berg. Dieser liegt aber separat, welcher vom Hauptkamm abzweigt. Bereits um 14.30 Uhr
war ich oberhalb des Lacul Godeanu angelangt. Hier machte auch
gerade eine Schafherde Rast. Umringt von einer Hundemeute (Exemplare von etwas kleinerem Wuchs, aber sehr fidel) kämpfte
ich mich zu den zwei Hirten durch. Nun verfütterte ich erst einmal gehortete Wurstpelle und einige Speckschwarten vom Frühstück an die Hundchen. Ruhe kehrte ein, und ich machte einen
Plausch mit den Hirten. Mit insgesamt ca. 2.000 Schafen sind sie
hier, und am 1. September brechen sie dann wieder auf nach
Poiana Sibiului. Etwa 14 Tage benötigen sie für die Rücktour in
ihre Heimatdörfer. Gegen 15 Uhr stieg ich zum See (Lacul Godeanu) ab, welcher auf 2.000 Meter liegt, und baute mein Zelt
auf. Natürlich mit Panoramablick über das Cerna-Tal aufs Mehedinți-Gebirge. Auch die Hirten zogen fort, und nun war ich der
alleinige Bewohner eines einsamen Bergsees. Am Nachmittag
kraxelte ich dann noch ein wenig am Vf. Godeanu (2.229 Meter)
rum. Vielleicht kann ich heute am Abend noch einige Gemsen
beobachten. Mein Zelt jedenfalls wird schon reichlich von kleinen, zutraulichen Vögeln bevölkert, während ich darin liege und
den Ausblick genieße.

24.8.95

Früh bin ich erwacht, denn meine kleinen Mitbewohner trieben
es recht emsig auf dem Zelt, und es war reichlich vollgeschissen.
Aber diese Geselligkeit war es mir wert. Gesang erschallt vom
Paß hinunter. Ein Hirte mit seiner Herde sonnt sich in den ersten
Sonnenstrahlen dort oben, und wir winken uns zu. Beim Frühstück im Freien hätten die kleinen Piepmätze mir die Brotkrümel
fast aus der Hand gepickt. Um 9.30 Uhr war gepackt und Abmarsch. Bereits eine halbe Stunde später war der Gipfel des Godeanu umschritten, und ich durchwanderte ein eingeschnittenes

Hochplateau, dem der Râu Şes entspringt. Eine Landschaft, die mich irgendwie an Island erinnerte. Wieder stieß ich auf Hirten. Sie hatten wunderschöne weiße Hunde, von denen einer wie eine Kreuzung zwischen Schaf und Hund anmutete. Ich machte einige Fotos und informierte mich über den weiteren Verlauf des Weges. Bei „Şaua Olanul" machte ich Rast und genoß die Landschaft. Dann folgte der Aufstieg zum Olanul-Gipfel (1.990 Meter). Hier oben grenzen drei Kämme der Gebirge Godeanu, Cerna und Ţarcu aneinander. Der weitere Weg ins Cerna war sehr überschaubar. Auch für die Hunde, wie sich zeigte. Ich war kaum ein Stück des Wegs, da umringten mich fünf riesige „Gebißträger" von großem Wuchs und mit sportlichem Trend. Die Kerls waren sehr unterschiedlich koloriert, als gäbe es so etwas wie Hundefasching. Ich hatte wirklich Mühe, den Ring meiner mich Umgebenden nicht schwinden zu lassen. Einer der beiden Hirten eilte schnell herbei und lud mich auf ein Mittagspäuschen ein. Ich bekam Brot und Schafskäse. Dann aber trieb es mich weiter. Die Hirten nickten mir lächelnd zu, und ich verstand, daß die Hunde mich nun gehen lassen würden. Es funktionierte. Nahe am Vf. Dobrii (1.928 Meter) war ich erneut umzingelt von nur drei „Hunderiesen". Von weitem kamen sie angespurtet, was bedeutete, daß ich mir dieses Mal etwas mehr Zeit für meine neuen Freunde nehmen mußte. Irgendwann waren auch die Hirten ran, und wir hielten einen kleinen Plausch. Eine weitere Schafherde kreuzte unseren Weg. Nun hatten sich die Hunde der beiden Herden am Wickel. Es war äußerst lebhaft. Ich setzte meinen Weg fort. Hinter dem Vf. Babei (1.800 Meter) kam dann der eigentliche Schrecken des Tages auf mich zu. Acht Hunde von großem Wuchs eiferten mir entgegen und bildeten einen Kreis der „Freundschaft". Ja, in so einer Situation muß man die Dinge positiv sehen. Ich hatte Glück, daß die Hunde im Gras geschlafen hatten. So kam ich ziemlich nah an die Herde heran. Somit waren auch die Hirten näher. So dauerte es dann auch nicht lange, und die Hirten nahmen mich in ihre Mitte. Mittlerweile war es gegen 16.30 Uhr. Ich erkundigte mich nach der Stâna (Hirtenhütte). Die Hirten deuteten bergab und meinten: „Eine Stunde." Ob ich nicht mitkommen möchte, wurde ich gefragt, und ich bejahte. Zunächst mußte ich mich immer dicht an einen der Hirten halten. Wir stiegen ab durch dichte Blaubeerbestände. Die Hirten reichten mir ständig gepflückte Beeren zu. Lecker!!! An der Stâna angekommen, bekam ich erst einmal einen ordentlichen Ţuică. Dann half ich beim Holzsammeln. Die Stâna lag direkt an der Baumgrenze. Dichte alte Mischwälder herrschten hier vor. Ich fütterte mit einem Klumpen Mamaliga den scheinbar kräftigsten der Hunde an, und in recht kurzer Zeit gelang es, den neuen Freund streicheln zu dürfen. Das war gut so, und nun konnte ich mich schon freier bewegen. Ich nahm mir zwei Eimer und stieg im Wald ein Stück hinab, um Wasser zu holen. Der kleinere der beiden Hirten deutete an, daß es heute zum Abend noch gutes Essen geben würde. Ich verstand das wohl nicht so ganz. Als es draußen dunkel wurde, da pflockten die Hirten wie im Quadrat vier Hunde an, an je einer Ecke des großen Nachtquartiers je ein Tier. Verstand ich auch noch nicht so ganz. Übrigens hat die Stâna hier insgesamt zehn Hunde. Davon ein Hundejunges, sehr tapsig, verspielt und doch schon von recht großem Wuchs. Der „Kleine" hing fast immer hinten an meinen Hosenbeinen. Egal, die Hose hat nach diesem Urlaub eh ausgedient. Es war finstere Dunkelheit mittlerweile, da brachen die Hunde los. Die Hirten eilten hinaus, und plötzlich hörte ich eine Frauenstimme. Eine Alte ist über viele Kilometer von Rusca, nahe Teregova, mit einem schwer beladenen Pferd hinaufgekommen. Säcke wurden in die Stâna getragen. Ich begrüßte die Alte, und die befaßte sich auch gleich mit der Wirtschaft hier. Ich überlegte mir so, was wäre, wenn man eine deutsche Frau, egal welchen Alters, auf so einen Weg durch dichte alte Wälder in übelster Finsternis schicken würde. Wann träte wohl der Herztot ein? Bär von links, Wolf von rechts,

Wildschwein und Luchs von sonstwoher, und Dracula schwebt ein durch die wolkenverhangene Nacht. Während ich noch der tiefen Bewunderung über die Alte nachsann, hatte diese schon das offene Feuer geschürt, einen Topf darübergehängt, Speck angebraten, Schafsfleisch, Kartoffeln, Zwiebeln und Knoblauch hineingeschnitten. Mir tropfte wohl nicht nur ein Zahn. Und meine Speichelsekretion hatte ich schließlich an dem Punkt nicht mehr unter Kontrolle, als am Ende der Kochkunst das Ganze noch mit Schafskäse überbacken wurde. Aus einem der Säcke holte die Alte noch drei große Colaflaschen hervor und stellte diese in eine sichere Ecke. Ich war längst versiert genug, um zu wissen, daß der Inhalt jedoch etwas anderes als Cola sei. Dann ging es ans Essen. Nun wußte ich, was der Hirte am Nachmittag mit dem „guten Essen" meinte. Er hätte ja auch gleich sagen können, daß wir heute noch in einem 5-Sterne-Restaurant speisen! Aber das Ambiente hier läßt sich wohl nicht in Sterne fassen. Diese Urtümlichkeit machte mich einfach überglücklich. Und dann, nach dem Essen den Țuică nicht vergessen!!! Oh, oh, ich hatte keine Wünsche mehr. Nahe bei den Schafen ist ein kleiner Unterstand. Dort übernachtet immer ein Hirte, um in einer bedrohlichen Situation bei den Tieren zu sein. Ich hatte schon am Nachmittag bei diesem Unterstand mein Zelt errichtet. Wir befanden uns hier sozusagen in der Mitte des Areals. Spät in der Nacht lag ich im Schlafsack. Und dann erlebte ich eine bewegende, aber auch behütete Nacht. Ich begriff nun, warum vier der Hunde an je einer Ecke des Territoriums angebunden wurden. Ein erstes Kläffen unten links. Nun eilte bellend der Troß der freien Hunde übers Gelände, mitunter scharf am Zelt vorbei, um die Bedrohung, welcher Art auch immer, abzuwehren. Kurze Ruhephase. Gebell oben rechts. Wieder eilt die Hundemeute zum anderen Ende. Auch der „diensthabende" Hirte beteiligt sich am „Geschrei" der Meute. Ich sauge diese Stimmung in mich auf. Und die Nacht bleibt weiterhin belebt.

25.8.95

In der Nacht hatte es ein wenig geregnet. Früh stand ich auf, denn ich wollte ja den Hirten beim Melken zusehen. Bereits gestern abend hatte ich beschlossen, einen weiteren Tag hier bei der Stâna zu verbleiben. Mit der Alten kam ich heute so richtig ins Gespräch, und die meinte, ich solle nur hierbleiben, denn zum Abend würde es noch „gesellig" werden. Nun ging es aber zum Melken. Ich machte mich nützlich und trieb die Schafe hinten im Gatter nach. Anschließend ging es ans Käsemachen, und danach wurden die Hunde gefüttert. In einen ausgehöhlten Baumstamm, der als Tränke diente, wurde ein Gemisch von Molke, Mămăligă vom Vortag und sonstigen Speiseresten hineingeschüttet, und dann kamen die „Giganten" zum Fraß. Was für eine Schlabberei! Aber Moment mal, da fehlte ja ein Hund. Es war „Mureş", der einzige Hund, der dem älteren Hirten (Mihai) gehörte. Dem hatte sein Herrchen eine Extraschüssel bereitet. Der jüngere Hirte hatte ein Glasauge. Er wollte, daß ich ein Foto von ihm mache, wie er einen seiner Hunde auf dem Rücken trägt. Das schien mir eh ziemlich „einäugig", aber er mußte ja seine Hunde kennen. Ein erstes Mal klappte es auch. Dann wurde der Kollege aber so übermütig, daß ich ein weiteres Foto machen sollte. Bei der zweiten Kür biß der Hund aber seinem Gebieter in die Lippe. Das ging alles so schnell, daß ich erst nicht begriff, was da abging. Dann hatte auch das „Herrchen" den ersten Schock überwunden und verpaßte seinem Hund einen Tritt in den A… Dieser wetzte davon. Eine echte Beziehungskrise, wie ich meine. Die Lippe blutete recht kräftig. Ich hatte zu allem Glück einige Mullkompressen im Gepäck. Der ältere Hirte und die Dame nickten mir bestätigend zu und deuteten an, daß so etwas ja passieren mußte. Übrigens sind die zwei ein Paar. Ich zuckte mit den Schultern. Unser geschädigter Freund mickerte so den Tag dahin, während Mihai mit den Schafen auf die Hochweide zog. Die Alte fragte, wo ich morgen denn hin wolle, und ich deutete zum Paß. So erzählte sie mir, daß hier runterwärts im Tal bei Poiana Rusca ein Deutscher eine Art Krankenhaus errichtet hätte. Sie sei übrigens aus Rusca (Rusca Teregova), und ob ich nicht kommen wolle. Sie reitet übermorgen mit dem Pferd wieder hinunter, und außerdem wäre eine große Hochzeit im Ort. Nun war ich umgestimmt. Wir vereinbarten ein Wiedersehen. Am Nachmittag kamen sechs Herren aus dem Tal hinauf. Sie wollen ihre Schafe hinunter zu den Höfen abtreiben. Man hatte sich abgesprochen, hier in der Stâna zu übernachten. Auch Mihai kam nun mit den Schafen zurück, und alle begrüßten sich. Natürlich hatten die Herren auch gewisse „Lebensmittel" im Gepäck, um den Abend hier oben möglichst angenehm zu gestalten. Das abendliche Melken der Schafe ging heute sehr schnell, denn alle halfen mit. Abends in der Hütte kam ich mit zwei Herren ins Gespräch. Es waren Vater und Sohn, die ihre 17 Schafe morgen nach Rusca Teregova hinabtreiben wollten. Na toll, so hatten wir den gleichen Weg. Es war eine tolle Stimmung abends in der Hütte. Und der „gelackmeierte" Hirte mußte manchen Spott über sich ergehen lassen. Aber auch er konnte schon wieder lächeln. Doch ich bin mir sicher, eine kleine Hasenscharte wird bleiben. So wurde mir bewußt, daß ich hier sozusagen „Geschichte" mitgeschrieben habe. Aus medizinischer Sicht war die Versorgung mit „Desinfektionsmitteln" außerordentlich zufriedenstellend!!!

26.8.95

Gegen 8.30 Uhr befand ich mich mit den zwei Männern und ihren 17 Schafen bereits beim Abstieg nach Poiana Rusca. Es begann zu regnen. Dunstwolken stiegen aus den dichten Wäldern auf, die Wege waren schlammig. Als wir nach ca. vier Stunden bei Poiana Rusca ankamen, da hörte dann endlich auch der Regen auf. Nun trennten sich unsere Wege. Ich bog nach rechts, wo mehrere Bungalows standen. Angeblich ist eines dieser Häuser eine Art Sportlercabana bzw. Trainingslager. Auch der Vater des

Deutschen, der hier oben am anderen Ende des Hochtales das Hospital betreibt, sollte hier in einem dieser Bungalows wohnen. An der ersten Hütte kam mir auch zufällig ein älterer weißhaariger Herr entgegen, und ich sprach ihn in deutsch an, ob er jener Vater sei. In gebrochenem Deutsch verneinte dieser, und er fragte mich, wo ich herkäme. Dabei bat er mich, ins Haus einzutreten. Eine Frau Mitte Vierzig begrüßte mich mit „Grüß Gott", und es waren noch weitere Leute zugegen. Zum einen der Gatte jener Dame, ein weiterer Herr und noch eine Dame. Die letzteren waren Rumänen aus Rusca Teregova. Die anderen zwei sind ehemalige Banater Schwaben, welche heute in Deutschland leben und in den Sommermonaten hier in ihrer eigenen Hütte den Urlaub verbringen. Es war Sonnabend, und man hatte sich eben zum Vormittagsplausch getroffen. Natürlich wollten nun alle wissen, wo ich herkam. Mittlerweile war es Mittagszeit, und ich wurde zum Essen eingeladen. Der jüngere Rumäne war sehr temperamentvoll und sang das eine und andere rumänische Volkslied. Und zugegeben, ich war sehr ergriffen davon. Ich solle heute nur runterkommen nach Rusca Teregova, es sei eine große Hochzeit, und da könne ich eine große Folkloregruppe aus Timişoara erleben. Nein, das ginge heute nicht, meinte das Banater Pärchen, ich solle heute nur hierbleiben. Das kam mir natürlich recht gelegen, denn in Rusca Teregova wurde ich ja morgen eh von der Hirtenfamilie erwartet. Nach dem Mittag verabschiedeten sich die zwei aus Rusca Teregova. Der ältere Herr namens Ovidiu mit dem gebrochenen Deutsch war ebenfalls Rumäne aus Bukarest. Er ist dort so etwas wie der ökonomische Direktor der Bukarester Universität. Da wir beide vom Herzen her der rumänischen Bergwelt sehr befangen waren, bot sich natürlich sehr viel Gesprächsstoff. Am Nachmittag unternahmen wir natürlich noch eine kleine Wanderung in ein aufsteigendes Seitental. Am Abend erkundigte ich mich dann über dieses Hospital. Der Deutsche dort sei kein Arzt, sondern Heilpraktiker. Er hat einige Zeit in China gelebt und sich der Akupunktur und weiterer Fachbereiche angenommen. Im Sommer betreibt er hier Lehrgänge, mitunter auch für deutsche Heilpraktiker. Somit finanziert sich zu einem Großteil dieses „Sanatorium", das mitunter auch als Cabana genutzt wird. In dem Hochtal soll ein Stausee entstehen. Nach der Wendezeit in Rumänien kam es aber vorläufig zum Stillstand des Staudammprojektes. Nun gehen die Bauarbeiten langsam wieder vorwärts. Mitten im Tal findet man Reste einer Kleinbahnstrecke. Eine verrostete Lokomotive steht mitten im hohen Unkraut. Eine weitere Lok befindet sich noch weiter oben auf einer kleinen Waldlichtung. Diese Bahnstrecke diente einst der Holzwirtschaft, ähnlich der im Wassertal.

27.8.95
Um 10 Uhr verabschiedete ich mich, und auf ging's hinab nach Rusca Teregova. Ich lief gemeinsam mit einem Pärchen, welches seine zwei Söhne unten im Tal besuchen wollte. Die kamen auch prompt mit einem Dacia entgegen, und ich sollte mit einsteigen. Ja, wie soll das denn gehen mit der großen Kraxel? Wenig später hatte ich gelernt, wie man eine Kraxel auf einem Auto ohne Dachgepäckträger transportiert. Überzeugt davon war ich aber erst, als wir unten im Ort waren. Man setzte mich direkt bei meiner Gastfamilie ab. Die Alte von der Hirtenhütte aus den Bergen kam mir auch gleich entgegen und lud mich ins Haus. Sie schickte schnell noch ein kleinen Jungen vom Nachbarhaus zum oberen Dorfeingang. Da sollte mich nämlich der kleine Enkelsohn „abfangen" und zum Haus begleiten. Die Schwiegertochter bereitete mir ein deftiges Mittagbrot, obwohl sie schwer im Haushalt beschäftigt war, während sich deren Mann und Vater auf der Hochzeit umtrieben. Die kamen dann auch herbei und mußten sich erst einmal vom Temperament einer rumänischen Bäuerin „übermannen" lassen. Mir war das nicht sonderlich peinlich, denn ich hatte in all den Jahren längst begriffen, daß auch so etwas zur

hiesigen Kultur gehört. Der Alte überging das Geschimpfe mit einer ausgefeilten Mimik, die mir bedeutete, daß alles im Lot sei. Er sollte recht behalten. Besuch kam aufs Gehöft. Es war jenes Fräulein, das ich am Vortag oben in Poiana Rusca kennenlernte. Sie wohnt hier im Ort allein mit ihren drei Kindern. Der damalige Ehemann hatte es arg mit dem Alkohol, und so kam es irgendwann zur Scheidung. Sie ist eine sehr geachtete Veterinärassistentin hier im Ort und überall gern gesehen. Sie wohnt hier ganz in der Nähe und lud mich zum Kaffee in ihr Elternhaus ein. Also auf ging's. Im Haus waren einige alte Bäuerinnen zum Plausch. Wer ich sei, wollte man wissen. Ich bin der neue Liebhaber, sagte ich, und die Damen lachten sich halb zu Tode. Nach dem Kaffee wurde es dann aber Zeit, die große Hochzeit aufzusuchen. Also schnell zurück zu meiner Gastfamilie. Ich hatte ja nur meine eingemoddete Wanderhose dabei, denn die „gute" Hose habe ich bei meinen Freunden in Pui hinterlegt. Das sei nun wirklich kein Problem, und dann begaben wir uns in den Trubel. Nun muß man sich vorstellen: Die Feierlichkeiten begannen bereits am Freitag und enden am Montag. Eigens dafür wurde die Hauptstraße vom Dorf gesperrt und aller Verkehr über eine Nebenstraße umgeleitet. Schätzungsweise 300 bis 400 Personen sind an den Tagen kontinuierlich zugegen. Ein ständiges Kommen und Gehen, einfach gigantisch. Ich machte einige Fotos und lernte dabei den Bruder des Brautpaares kennen, der mich ins Haus lud. Wie geht das mit der Versorgung, wollte ich wissen. So wurde ich in den Keller geführt, wo die gesamten Backwaren lagerten. Selbst hier saßen Leute und plauderten miteinander. Die Regale mehrerer Kellerräume waren prall gefüllt mit Backwaren aller Art, vom Brot bis zum Sahnetörtchen. Bei den Sahnetörtchen sprangen mir die Augenbrauen hoch. Ließ sich leider nicht vermeiden. Der Gastgeber bemerkte meine körperliche Regung aufmerksam, und wenig später lief ich mit einem prallen Teller voller Sahnetörtchen umher. Ein Stück fiel mir bei dem Gedränge auf die Hose.

Ich bemerkte, daß man in so einer Situation Vorteile mit einer speckigen Wanderhose hat. Die Reinigung führte sehr schnell zu einem zufriedenstellenden Ergebnis. Ich ging wieder raus zur Folkloregruppe. Was für eine wunderbare Musik!!! Dann traf ich einige Männer von dem letzten Abend bei der Hirtenhütte wieder. Nun landete ich an einer großen Tafel und bekam Schafsbraten und allerlei weitere Köstlichkeiten gereicht. Mittlerweile war es schon über Mitternacht hinaus. An einem anderen Tisch kam ich mit einem Mann ins Gespräch. Was er von Beruf sei, wollte ich wissen. Mineri. Oh, da hätte ich auch einige Freunde in da und da ... „Dann bist du auch mein Freund", sagte der spontan. „Komm in mein Haus", sagte er, und wir gingen. Es war ein großes Gehöft. Einen eigenen Hofbrunnen hatte er erst neulich gebaut. Der war riesig und ziemlich tief. Die Ehefrau hatte uns mittlerweile eingeschenkt. Noroc!!! Ich mußte mir alle Zimmer ansehen. Sie waren sehr liebevoll hergerichtet. Nach einer Stunde gingen wir wieder zurück zur großen Feierlichkeit im Dorf. Gegen zwei Uhr in der Frühe packte mich aber dann doch die Müdigkeit, und ich suchte das Gehöft meiner Gastfamilie auf. Nach einem ersten Fehlschlag, mein Stübchen aufzusuchen, gelang es mir dann aber doch. Gute Nacht!

28.8.95
Ohne körperliche Folgeschäden gut erwacht. Die alte Dame von der Stâna hat mir ein gutes Frühstück bereitet. Dann hieß es packen, denn heute sollte Herkulesbad mein Ziel sein. Auf dem Weg zum Bahnhof, nur wenige Häuser weiter, belud ein junger Mann sein Auto. Geiler Pkw-Anhänger, und ich erkundigte mich, ob der aus rumänischer Produktion sei. Der Rumäne bestätigte meine Anfrage nicht ganz ohne Stolz. Schnell stellte sich heraus, daß wir ein gemeinsames Ziel hatten, und wenig später saß ich mit im Auto unterwegs nach Băile Herculane. Ich wollte dort natürlich zelten, und so bekam ich den Tip bei „Şapte Izvoare". Der

Bahnhof von Herkulesbad war neu herausgeputzt. Dann fuhren wir durch die Neustadt weiter hinauf. Das Tal wurde steiler und felsiger. Die folgende Altstadt hatte mich vom ersten Blick an gefesselt. Weiter ging es vorbei am Hotel Roman, noch weitere fünf Kilometer hinauf zum Thermalbad bei „Şapte Izvoare". Hier trennten sich unsere Wege, denn der junge Mann mit dem Dacia wollte noch weiter nach Cerna Sat. Rechts neben dem Eingang zum Bad war ein kleines Bauernhäuschen, und dahinter standen viele Zelte. Ein altes Mütterchen saß im Stuhl vor dem Haus und strickte. Ich fragte, ob hier noch Platz für mein Zelt wäre. Ja, 1.000 Lei die Nacht. Geschenkt!!! Das Schöne daran, die Alte paßte den ganzen Tag auf die Zelte auf. Mein Zelt stand nun keine 80 Meter vom Wasser entfernt. Es war ein überaus sonniger Tag heute, und so war das Bad voller Menschen. Ich machte erst einmal eine Kaffeepause, und anschließend erkundete ich etwas die Umgebung. Ein Stück oberhalb befindet sich ein großer Staudamm. Das Projekt bewanderte ich dann erst einmal von unten und oben. Gegen 19 Uhr war ich wieder am Zelt, und nun war das Bad so ziemlich leer. Also nichts wie rein in die Fluten! Ein neues Zelt mit Wanderschuhen davor hatte ich ja längst schon bemerkt, und nun im Bad kam ich mit drei Herren aus Lupeni ins Gespräch. Sie waren für drei Tage im Mehedinţi-Gebirge. Übermorgen wollen sie mit dem Zug dann wieder zurück. Am Abend sind wir nach Herkulesbad spaziert. In einer ersten Gaststätte bestellten wir uns ein deftiges Abendbrot. In einer zweiten tranken wir noch einige Bierchen. Wir gaben eine lustige Truppe ab, besonders „Pirat" war die geborene Stimmungskanone. Er sprach auch ein wenig Deutsch. Spät waren wir wieder an den Zelten. Noapte bună.

29.8.95

Schon in der Nacht ging ein Regen los und hielt fast den ganzen Tag an. Am Schwimmen hinderte uns das aber nicht. Das Bad war heute menschenleer. Schwimmen und Essen bestimmten heute den Tag. Mit den Freunden aus Lupeni tauschte ich viele Tips und Erlebnisse aus.

30.8.95

Kein Regen in der Frühe. Gegen 8 Uhr erste Bahnen im Schwimmbad gezogen. Gegen 10.30 Uhr habe ich die drei Freunde aus Lupeni nach Herkulesbad begleitet. Nach einem Gruppenfoto dort verabschiedeten wir uns. Es könnte aber sein, daß wir uns einige Tage später bei Cămpuşel wiedersehen. Die Sonne kam hervor, und ich nutzte die Gelegenheit für einige Fotos hier in der Altstadt. Dann wanderte ich hinauf zur Peştera Aburi (Aburi-Höhle). Der Weg dorthin war sehr schön, und ich hatte unterwegs einen tollen Ausblick auf Herkulesbad. Im Eingangsbereich der Höhle strömte aus einer algenbewachsenen Spalte merklich heißer Wasserdampf. Sonst gab es in dieser kleineren Höhle nichts Besonderes. Dafür bot sich ein schöner Ausblick auf das aufsteigende Cerna-Tal. Dann begab ich mich auf die Suche nach der Höhle P. lui Adam. Fand sie aber nicht. Also Abstieg zum Roman-Hotel. Genau links neben dem Hotel befindet sich ein offener, ummauerter Schacht, es ist die Höhle „P. de la Despicătură". Hier wurde lange Zeit Thermalwasser abgezweigt. Seit ca. zehn Jahren scheint die Quelle ziemlich versiegt zu sein. Natürlich habe ich mir die „gute Stube" mal angeschaut. Eine sehr warme feuchte Luft stand in der Höhle, mir lief der Schweiß. Nach etwa 60 Metern war dann Schluß, und ich ging zurück. Man findet hier noch kleine Betonbecken und Rohre zur Ableitung des ehemals fließenden Thermalwassers. Dann habe ich mir im Hotel Roman erst einmal Kaffee und Eis gegönnt. Draußen ging ein kurzer Regenschauer ab. Anschließend besuchte ich die Höhle „Peştera Hoţilor", um dort Fledermäuse zu fotografieren. Nun wanderte ich wieder zurück, das Cerna-Tal hinauf. Ca. zwei Kilometer hinter dem Hotel Roman führt die Straße über eine Brücke und verläuft dann rechts der Cerna flußaufwärts. Kurz hinter dieser Brücke befindet sich genau unter der Straße eine kleine Grotte mit einem thermalwassergefüllten Badebecken. Natürlich schaute ich mir das an. Eine Gruppe von sechs Leuten hatte dieses kleine Paradies schon in Besitz genommen. Ich war kaum dort angekommen, da ging wieder ein richtiger Platzregen los. Also runter die Klamotten und rein ins warme Wasser. In der Dämmerung ging ich dann weiter. Der Bereich „Şapte Izvoare" befindet sich genauer gesagt etwas unterhalb des Thermalbades. Ein kleiner Pfad geht steil hinab zum Fluß. Über eine Hängebrücke gelangt man zu mehreren kleinen heißen Quellen, die teils in kleine Betonbecken eingefaßt sind oder direkt in die Cerna fließen. Eine alte Dame saß in einem solchen Becken. Ich fragte, ob ich ein Foto machen könne. „Ja", sagte diese, stand auf und präsentierte mir ihre Unterwäschegarnitur. Da soll noch einer sagen, die Leute hier sind prüde. Gegen 20 Uhr war ich am Zelt. Drüben im Bad war noch ein geselliges Treiben zu vernehmen. Ich ging hinüber, um vielleicht noch ein Bierchen zu ergattern. So kam ich mit einer neunköpfigen Gruppe so richtig lustig ins Gespräch. Sie sind mit dem Auto hier und zelten ebenfalls seit meiner Ankunft hier bei dem Bauernhäuschen. Vier von ihnen sind ehemalige Rumäniendeutsche und wohnen jetzt in Deutschland. Die anderen sind Rumänen aus Lipova (Bezirk Arad). In der Nacht, so gegen 23 Uhr, sind wir alle noch einmal zur Badegrotte unterhalb der Straße gegangen. Mit einer Flasche Kakaolikör plauschten wir hier fast zwei Stunden im warmen Wasser. Einer der Rumänen, ein „bierstrammer" Kerl, welcher eine Autoreparaturwerkstatt betreibt, gehört einer Wanderorganisation von Arad an. Wir tauschten Tips und Adressen.

31.8.95

Heute packte ich die Klamotten zusammen, denn das Ziel hieß Cerna Sat. Cerna Sat ist das letzte Dorf im oberen Cerna-Tal. Ich lief nicht lange die Straße zur Staumauer hinauf, da kam ein Roman-LKW und hielt auch prompt. Wie der Zufall es wollte, hatten wir ein gemeinsames Ziel. Ich hatte heute richtig viel Glück, wie es schien, denn hier fährt etwa alle drei bis fünf Stunden ein Auto die 45 Kilometer hinauf. Mit dem Fahrer kam ich gleich richtig ins Gespräch, und ich fragte ihn, für welche Firma er fährt. Für den Patron in Cerna Sat, sagte er. Vorerst konnte ich mit dieser Antwort nicht viel anfangen, aber ich forschte auch nicht weiter nach. Die Landschaft hier hinauf ist wunderschön. Hier mit dem Rad, das wäre schon irre. Die letzten 15 Kilometer war die Straße recht schlecht. An einer Stelle vor Cerna Sat standen einige Häuser. Ein junger Mann an der Straße gab uns Zeichen anzuhalten. Dann fuhren wir auf ein Gehöft, und die zwei Herren erklärten mir, daß sie nur schnell einige Bretter aufladen wollen. Ich half natürlich mit, keine Frage. Der junge Mann hieß Dan. Dann fuhren wir alle gemeinsam zum Dorf. Gleich am Dorfeingang kam eine Köhlerei. Der Patron wäre hier der Chef, sagte der Fahrer. Ein Stück weiter hielten wir am Haus von Dan und luden die Bretter ab. Vor dem Haus war eine schöne Wiese, und warum sollte ich lange rumsuchen, so fragte ich Dan, ob ich hier zelten könne. Er gab ohne zögern sein O.K. und lud mich ins Haus. Ich lernte die Frau und Schwiegermutter kennen. Dann gab es zur Begrüßung Kaffee und einen wirklich guten Rotwein. Dans Frau ist hochschwanger. Dann erfuhr ich, daß Dan der Sohn vom Patron ist. Was ist ein Patron, wollte ich wissen. Na, eben ein großer Chef und Unternehmer. Und das war dieser Patron in der Tat. Früher war dieser Chef vom Staudamm über dem Ort. Jetzt hat er hier eine große Cabana und eine schöne Gaststätte gebaut. Auch eine provisorische Tankstelle gehört ihm, und den Dorfteich will er auch kaufen und darin Fische aussetzen, damit die Touristen hier eben auch ein wenig angeln können. Ganz nebenbei ist er sicherlich auch der Bürgermeister des Ortes.

    Nachdem ich das Zelt errichtet hatte, besuchte ich erst einmal die Köhlerei. Ich ließ mir von einem Köhler das Handwerk erläutern. Dann besuchte ich am Ende des Ortes, rechtsseits ein Stück hinter der Cabana, eine schöne kleine Schlucht (den Namen der Schlucht habe ich mir nicht recht gemerkt, aber sie heißt in etwa „Cheile Corcobaia"). Lohnt sich! Und schließlich machte ich eine kleine Inspektion in der wirklich hübschen Cabana und trank anschließend im Restaurant ein wohlverdientes Bierchen. Dort lernte ich eine Tochter des Patrons kennen. Den Patron selbst sah ich vor dem Restaurant agieren. Ein großer stämmiger Herr, und ich würde mal sagen, daß er ein geachteter Chef ist. Das Organisationstalent ist ihm regelrecht ins Gesicht geschrieben. Die Leute im Dorf reden jedenfalls nur Gutes über ihn.

1.9.95

Heute vormittag zeigte mir Dan eine Höhle. Wir gingen durch die Schlucht, querten den Bach, und dann stiegen wir steil durch den Wald hinauf. Eine ziemliche Kraxelei! Schöne Salamander haben wir hier gesehen. Der letzte Abschnitt zur Höhle war sehr steil. Wir hangelten an irgendwelchem Buschwerk hinauf. Drei Eingänge lagen in der Felswand nebeneinander, welche sich im Innern der Höhle vereinten. Zwei schmale Gänge führten weiter. Aber nach einigen Metern war jeweils Schluß. Hier mußten auch irgendwelche Leute Grabungen durchgeführt haben. Dan hatte in der „Eingangsempore" auf mich gewartet. Dann gingen wir über den Berg hinweg ins Tal zurück. Ich inspizierte gleich noch die kleine Dorfmühle, welche von allen Bauern gemeinsam genutzt und gewartet wird. Am Nachmittag gingen Dan, sein Schwager und ich zum Angeln. Ich habe mich aber eher als Zuschauer beteiligt. Den zwei Burschen konnte man eh nichts vormachen. Am Ende hatten wir eine große Plastiktüte voller Forellen. Unglaublich. Am Abend wurde die Beute geteilt. Dans Frau hat dann unseren Anteil gebraten. Noch nie habe ich so viele Forellen auf einmal gegessen. Geschmeckt hat es in jedem Falle. Am Abend bin ich auf ein Stündchen in die nahe Dorfkneipe unters Volk gegangen. So ein bürgernahes Pläuschchen ist hier immer interessant. Dann habe ich noch einige Bierchen mit zu Dan genommen. Spätabends unterhielten wir uns über das rumänische Essen, und ich lobte über alles die rumänischen Nudelsuppen. Plötzlich und ohne Anlaß stand Dan auf und ging hinaus. Ich hörte irgendein Huhn aufschreien, und dann war Dan wieder zurück, und wir plauschten weiter. Was das bedeuten sollte, ahnte ich lediglich.

2.9.95

Um 9 Uhr erwacht. Gegen 10 Uhr wurde ich ins Haus gerufen. Und was gab es da zum Frühstück? Nudelsuppe mit Hühnerfleisch!!! Ich habe vier volle Teller gegessen, so war auch dem Huhn Ehre getan. Dazu gab es frische Milch und diesen wundervollen Rotwein. Da gerät zwar das Gedärm etwas in Unruhe, aber letztendlich lebt man ja nur einmal. Solche Erlebnisse wecken aber auch durchaus meine Bereitschaft für ein zweites Leben. Dem Huhn jedenfalls wünschte ich es, denn vielleicht komme ich ja mal wieder vorbei. Nach dem Essen kam die Oma von Dans Frau im Nationalkostüm vorbei. Gestern hatte ich darum gebeten, um ein Foto von den ortstypischen Trachten zu machen.

Gegen 12 Uhr hieß es dann aber Abschied nehmen. Dan fuhr mich noch mit dem Auto zur Staumauer hinauf. So war ich nun wieder auf einsamen Wegen. Von der Staumauer hatte man einen Blick bis über das Ende des Stausees hinaus, ja, sogar dieses kleine „Mini-Kalkgebirge" mit seiner höchsten Erhebung, der „Ciuceva Mare", war zu sehen. Na ja, superweit könnte das nicht sein, dachte ich zunächst. Der Forstweg ging immer an der linken Seite des Stausees entlang. Ein erster Seitenarm zog sich auch gleich links in die Berge hinein, und ich ging es an. Nach vier Stunden etwa kam ich am letzten Zipfel des Stausees an, und hier machte ich mich gleich auf die Suche nach einem schönen Zeltplatz am See.

An einer Sommerhütte war noch ein alter Herr mit seinen Kühen zugegen, und ich zog Erkundigungen über die weitere Umgebung ein. Unterwegs sah ich viele Schafspuren auf dem Forstweg. Die Schafherden aus dem Hochgebirge sind also bereits abgezogen. Der Abend am Zelt war noch sehr schön, ich genoß die Abendsonne und konnte endlich auch wieder einmal selbst kochen. Der Forstweg hatte auch ziemlich an den Kräften gezerrt. Solche eben verlaufenden Wege mit schwerem Gepäck sind nicht so mein Ding.

3.9.95

Heute ist ja Sonntag, und so traf es sich gut, daß mein Tagesziel nur aus einer kurzen Wegstrecke bestand. Gegen 10 Uhr hatte ich gepackt und ging nach „Izvoru Cernei" (der Cerna-Quelle, die aus ziemlich ebenem Gestein hervorsprudelt). Hier stoßen drei Forstwege aufeinander. Jener vom Stausee, einer geht weiter hinauf zum Jiu-Cernei-Paß, und ein dritter steigt auf zum Mehedinți-Platou. Einige Häuser stehen hier, und direkt nahe der Cerna-Quelle befinden sich ein schönes Forsthaus und ein kleines Holzhaus, in dem bei Bedarf ein Mühlenrad einen Stromgenerator für das Forsthaus betreibt. Dort habe ich mein Zelt errichtet und bin auch gleich mit einem jungen Förster ins Gespräch gekommen. Ein wenig aufdringlich war er, aber als wir uns darüber unterhielten, wo ich herkam und daß ich bei Dan übernachtet hätte, verstanden wir uns gut. Denn Dan sei auch ein Freund von ihm. So gingen wir zum Forsthaus rüber und setzten uns in die Sonne. Ein Alter kam hinzu und schien ein richtiges Schlitzohr zu sein. Er stieß den jungen Förster an und flüsterte ihm „Străin" ins Ohr. Dann ging er zu einem Holzstapel und holte eine große Flasche Țuică hervor. Längst wußte ich, daß „Străin" = „Fremder" heißt, und der hiesige „Banater Țuică" eignete sich für meine Erfahrung nicht, größere Trunkenheit zu erlangen. Wir plauderten und tranken und tranken, bis die Flasche alle war. Mir ging es gut, und dann gab ich kund, daß ich nun die Höhle „Peştera Nr. 10" im Kalk aufsuchen würde. Der Alte war etwas sauer, daß seine Strategie nicht aufgegangen war, und ich drückte ihm anerkennend für seine Gabe noch einmal die Hand auf den Rücken. Nun stieg ich hinter Izvoru Cernei rechts hinauf. Es ging über Schuttgestein. Oben fand ich mehrere kleine Höhlen und Grotten. Nach drei Stunden war ich wieder zurück am Zelt. Kaffeezeit. Eine Gruppe junger Leute mit Enduro-Maschinen hielten am Forsthaus. Sie erkundigten sich über den weiteren Weg. Ein Deutschrumäne, welcher heute in Deutschland lebt, führte die Truppe an. Der Förster lud mich ein zum Abendbrot. Auch Ţuică gab es dazu. Der Alte war mittlerweile auch wieder frohgemut, und so machte ich schnell noch Kaffee für uns drei.

4.9.95

Heute bin ich erst gegen 11 Uhr aufgebrochen. Bei schönstem Sonnenschein wanderte ich die Forststraße hinauf zum Paß. Keine Menschenseele hier. Gegen 14.30 Uhr hatte ich den Paß erreicht und machte eine kleine Rast. Auf dem Weiterweg sah ich wieder den markanten Gipfel des Vf. Piatra Iorgovanului. Kurz vor 16 Uhr war ich an einem Forsthaus angelangt. Sollte das etwa schon „Casa Câmpuşel" sein? Wahrscheinlich. Nun hatte ich endlich einen Überblick über die Verbindung zwischen Jiu- und Cerna-Tal. Schon lange hat mich das gewurmt. Vor dem Forsthaus auf einer Wiese errichtete ich mein Zelt. Hinter dem Forsthaus erhob sich das Oslea-Massiv. Sehr schöner Blickpunkt. Kaum war das Zelt errichtet, da ging ein richtiger Schauer los. Schnell noch Wasser geholt und dann die wohlverdiente Kaffeepause. Da hat mir doch der Herrgott sicher wieder beim Wandern zugeschaut. So ein „Schäkerchen"! Am Abend öffnete ein Mann das Tor zum Forsthaus, und ich erkundigte mich noch einmal, ob das auch wirklich Casa Câmpuşel sei.

5.9.95

Nach dem Frühstück bin ich erst einmal zum Forsthaus gegangen. Zwei Männer waren zugegen, und ich erkundigte mich zunächst über die hiesigen Höhlen. Na ja, die Infos waren etwas dürftig, aber für einen Anfang doch genug. Der Ältere der beiden Herren namens Dumitru ging dann zu seinen Kühen. Ioan, der Jüngere, verwaltete derzeit das Forsthaus. Gegen 11 Uhr machte ich mich dann aber auf Wanderschaft. Ich wollte eigentlich nur etwas „vorlauschen" betreffs der Höhlen, doch dann machte ich mich daran, die Cheile Scorotei zu bewandern. Zugegeben, ich war entzückt. Auf halber Strecke spaltet sich die Scorota-Schlucht in zwei Schluchten auf. Geradeaus geht es hinauf in den Abschnitt „Scorota Verde", und rechts zweigt die Schlucht „Scorota cu Apă" ab. Ich bekraxelte zunächst den Abschnitt „Scorota Verde". Auf dem Rückweg hielt ich Ausschau nach der Höhle „Peştera Ursu", oder auch nur schlicht „Peştera Nr. 4 din Valea Scorotei" genannt. Ziemlich nahe am Eingang zur Schlucht fand ich ein kleines Loch. Ich kroch ca. 20 Meter hinein, dann war Schluß. Doch dann, schluchtaufwärts gesehen ca. 50 Meter über dem Weg gelegen, sah ich im steil bewachsenen Berghang zwischen alten Bäumen so etwas wie ein dunkles Höhlenportal. Ich war von Hoffnung getrieben und kletterte hinauf. Und siehe da, ich hatte die Höhle gefunden. Zuerst ging es in eine große Galerie, welche nach links zu einer kleinen Metalluke führt. Die schwere Luke mußte man noch oben aufklappen. Ich ging zurück und suchte mir einen Holzstamm, um die Luke abzustützen. Dann ging es hinein. Die Orientierung hier war problemlos, und ich sichtete recht schöne Kalkformationen. Nun hatte auch mein Fotoapparat seinen Job zu erledigen. Dann wurde der Höhlengang schmaler und endete an einem Schacht, der den Informationen nach etwa 20 Meter tief ist. Ich genoß den nicht sehr weiten Rückweg.

Auf dem Rückweg nach Câmpuşel kam ich an der „Casa Ursus" vorbei (auch „Câmpuşel I" genannt) und stieß auf eine Gruppe von sieben Leuten. Ich fragte, ob sich hier jemand mit den Höhlen auskenne. Einer der Leute, ein Rumäne, wußte sehr gut Bescheid. Als ich erfuhr, daß er aus Lupeni sei, erkundigte ich mich nach meinen Freunden, welche ich bei Herkulesbad getroffen habe. Natürlich kannte der den Pirat und die anderen, schließlich seien sie befreundet. Dann erzählte er mir, daß sie gemeinsam der Salvamont-Truppe am Bucura-See angehören. Da wurde irgend etwas in mir wachgerüttelt. Ich schaute mir das Gesicht des Rumänen mit dem gestutzten Bart an und fragte diesen, ob er mal einen längeren Bart getragen hätte. So vor einigen Jahren am Bucura-See vielleicht? Dieser wurde nachdenklich und fragte plötzlich: „Willi?" Ja, und nun fiel mir auch ein, daß er George hieß. Na, das war vielleicht ein Lacher. Heute geht George mit seiner Truppe aber leider zurück nach Lupeni. Doch eine andere Gruppe kommt morgen hier hinauf. Na, so werde ich morgen hierher umziehen, keine Frage.

6.9.95

In der Nacht regnete es kontinuierlich bis gegen 10 Uhr in den Tag hinein. Auch am Mittag nieselte es noch. Gegen 15 Uhr habe ich dann doch noch gepackt und bin umgezogen zur Casa Ursu (Bärenhütte). Ein wirklich romantisches Plätzchen hier und nur ein wenig abseits vom Getümmel im Reservat des Retezat-Gebirges. Am Abend kam dann ein erstes Pärchen, ein Ehepaar aus Bukarest. Sie wollen zehn Tage hier verbleiben. Zu später Stunde saßen wir am Feuer, als da das Licht einer Taschenlampe aufblinzelte. Nun kam ein zweites Pärchen aus Dr. Petru Groza. Die Leute kannten sich und waren halt hier verabredet.

7.9.95

Wir haben uns schon gestern auf eine gemeinsame Wanderung zum Oslea-Massiv verständigt. Heute gegen 11 Uhr gingen wir es an. Wir hatten gutes Wetter, und drüben über dem Retezat hingen dunkle Wolken. Ich genoß den Ausblick. Wir ließen uns Zeit und waren erst zum Abend wieder an der Hütte. Unterwegs haben wir auch Dumitru mit seinen Kühen getroffen und ein Schwätzchen gehalten. Am Abend wurde dann am Lagerfeuer gekocht und gebrutzelt, was das Zeug hielt.

8.9.95

Heute gingen wir gemeinsam zur Scorota-Schlucht. Anschließend machten wir gemeinsam die Bärenhöhle, und dann gingen wir zur Peştera cu Corali. Ein kaum merklicher Schleichpfad zweigte im Jiu-Tal hinter grünem Dickicht den Berg hinauf zu jener Höhle. Hätte ich selbst wohl nie gefunden. Ein rutschiger Aufstieg, aber dann die Höhle. Zuerst war der Weg von großem Bruchgestein überschüttet, und die Höhlenwände und Formationen waren von weißlicher Färbung. An der Höhlendecke hingen witzige kugelartige Gebilde, die hier „Ou de Columb" (Ei des Kolumbus) genannt werden. Dann kommt ein fünf Meter tiefer Absatz. Links ist eine Einbuchtung. An einem kleinen Stalagmiten hielt ich mich fest und ließ mich hinab. Mein Fuß fand Halt auf einem weiteren Stalagmiten. Dabei mußte man sich aber ganz durchhängen lassen. Somit war der Abstieg gesichert. Die anderen kamen nach. Hier erblickte ich nun endlich die so soviel gerühmten Koralite von kastanienbrauner Färbung. Der ganze Höhlenabschnitt hier war rötlichbraun. Tolle Formationen. Dann gab mir Radu zu verstehen, daß er eine weitere Höhle kenne, die alles hätte, was eine Höhle so bieten kann. Aber der Einstieg geht über einen Schacht. Wir gingen trotzdem hin. Der Weg ist nicht zu erklären. Man muß ihn gelaufen sein, um ihn zu kennen. Da meine Ortskenntnisse nicht die schlechtesten waren, so nahm ich jedes Detail des Weges in mir auf. Dann irgendwann standen wir vor einem dunklen Schlund. Das Gestein war feucht und äußerst rutschig. Ja, nun standen wir da und waren uns im klaren, daß wir ohne Seil hier und heute nicht reinkommen würden. Das war wie ein Orgasmus, der dann doch nicht stattfindet. In der Nacht träumte ich mir dann eine Höhle zurecht, so sehr hatte mich das ergriffen. Aber ich war mir gewiß, daß ich irgendwann die Höhle mache, keine Frage. Später erfuhr ich, daß diese Höhle die schlichte Bezeichnung „Peştera Nr. 5" trägt.

Abends am Feuer kam plötzlich Dumitru mit einem riesigen Beutel voller Pilze zu uns. Die Frauen machten sich gleich an die Putzarbeit, und wir Männer sorgten für das Feuer. Zu allem Glück fanden wir einen riesigen alten Topf in der Hütte. Ich muß wohl nicht erwähnen, daß dieser Tag auch in kulinarischer Hinsicht ein Erlebnis wurde. Der Hund von Dumitru zog es vor, diese Nacht jedenfalls bei uns zu verbringen. Wir haben uns köstlich amüsiert.

9.9.95

Heute hieß es Abschied nehmen von meinen neuen Freunden, denn die Rückreise ist nah. So trampte ich mit einem Holztransporter bis Uricani. Von hier ging es mit dem Bus weiter bis Petroşani und dann mit dem Zug nach Pui. Ein letzter Abend bei Freunden in Rumänien, denn morgen ist die Rückfahrt in die Heimat angesagt. LEIDER!!!

Im Frühling nach Rumänien/Karasch-Klamm und Şureanu-Gebirge (1999)

Die Anreise

22.4.99

Drei Männlein (Christian, Rüdi und Willi) aus dem Brandenburger Land (Jüterbog und Woltersdorf) machten sich auf nach Rumänien. Wieder einmal, endlich und lang ersehnt! Wir hatten ja die Wahl, einen Zug eher nach Berlin zu fahren, doch der Glaube in die Deutsche Bahn AG und deren Pünktlichkeit saß tief, und so sollten ja eigentlich 15 Minuten Umsteigezeit ausreichen. Zunächst pünktliche Abfahrt von Jüterbog, aber kurz vor Berlin-Schönefeld wurden wir eines Besseren belehrt. Der Zug hielt auf freier Strecke. Minuten vergingen, kurzes Anfahren und wieder Stopp. Ratzibatzi, da war's geschehen, und unser Anschlußzug nach Budapest war fort. Wir gingen zum Serviceschalter und warfen die Tickets auf den Tisch. Die ganzen Reservierungen, alles im A… Eine recht korpulente Angestellte bewahrte die Ruhe, telefonierte umher und suchte dann einfühlsam das Gespräch mit uns. Das war sicher nötig, denn ich ging schon alle Kochrezepte durch, die irgendwie mit Fleisch zu tun hatten. Kurz nach 11 Uhr geht nun der nächste Zug nach Budapest. So hatten wir sechs Stunden Zeit, den Ärger zu verdrängen. Die Dame vom Serviceschalter versorgte uns in dieser Zeit gut mit Kaffeekupons als vorerst kleine Entschädigung. Die Reservierungen wurden umgeschrieben, und irgendwie verging die Zeit recht schnell. Dann der Zug, und wir verstauten unsere großen Kraxeln. Bei den Tschechen hatte der Zug erneut eine ziemliche Verspätung eingefahren. Aber wir sahen es gelassen, denn in Budapest hatten wir gut sieben Stunden Aufenthalt. Kurz nach 23 Uhr kamen wir dort an. Ein junger Mann warb für eine Übernachtung in einer Jugendherberge, wenige Bushaltestellen entfernt. Wir nahmen ein Taxi.

So waren uns gut fünf Stunden Schlaf sicher. Pro Person zahlten wir 15 DM für die Übernachtung.

23.4.99

Um 7.15 Uhr saßen wir im Zug nach Arad/Rumänien. An der rumänischen Grenze wollten wir pro Person 300 DM umtauschen. Der Kurs: 1 DM zu 7.716 Lei. Christian tauschte als erster. Ich danach, und da wurde das rumänische Geld knapp. Ich tauschte erst 150 DM. Die zuständige Dame deutete an, wir sollten warten, und eilte hinaus. Wir standen zu allem Glück an der Waggontür. Die Dame kam und deutete uns an, daß der Zug gleich abfährt. Ich gab ihr weitere 150 DM. Der Zug rollte an, und das Fräulein warf uns die rumänischen Lei noch gerade eben in den Zug hinein. Eine Menge Geld schien das zu sein, was da auf dem Fußboden lag. In eine Hosentasche paßte das nicht, und so wurde ein Teil der Scheine tiefer im Gepäck verstaut. Im Prinzip hatten wir genug getauscht und würden damit auch zu dritt ganz gut leben.

Um 12.30 Uhr Ankunft in Arad. Gerüchte gingen um, daß ein Hochwasser eine Eisenbahnbrücke nach Timişoara beschädigt hätte, und so einigten wir uns mit einem Taxifahrer auf einen Preis von 30 DM für alle drei Personen. In Timişoara ließen wir uns direkt am Bahnhof absetzen. Der nächste Zug (Personal) nach Reşiţa geht um 16 Uhr. Ich kaufte eine Telefonkarte (50.000 Lei) und telefonierte schnell mit Herrn Neff, der uns schon in Reşiţa erwartete. Schließlich blieb uns noch etwas Zeit, und wir gingen in eine nahe gelegene Gaststätte auf eine erste Ciorbă (Suppe). Erste Klasse!

Gegen 19 Uhr kamen wir im strömenden Regen dann endlich an unserem Ziel in Reşiţa an. Der Sohn von Hans Neff hat uns schon mit dem Auto erwartet. Wegen des Regens natürlich, denn der Weg zum Haus ist eigentlich nicht weit. (Dankenswerterweise muß ich hier mal erwähnen, daß der Kontakt mit Herrn Neff über den „Speleo-Club Reşiţa " zustande kam. Denn unser Ziel waren Höhlen in der Karasch-Klamm und natürlich auch diese selbst!!! Horst erwartete uns an der Haustür. Ein hochgewachsener Pensionär von äußerster Agilität. Ein richtiger Naturbursche und ausgestattet mit einem außerordentlichen Wissen über dieses Ländle hier. Wir wurden gut bewirtet, und dann kam das Nötige zum Ländle eben zur Sprache. Viele Tips gab es, und hoffentlich bringe ich da nichts durcheinander.

Die Karasch-Klamm (Cheile Carasului)

24.4.99

Gegen 9 Uhr hat uns Horst mit seinem Auto nach Iabalcea gefahren. Unser Ziel war ja heute die Peştera Comarnic (Comarnic-Höhle). Hier bekamen wir noch eine kurze Wegbeschreibung, und dann wanderten wir bei leichtem Regen los. In zwei Tagen wollen wir uns hier wieder mit Horst treffen. Der Speleo-Club hat nahe der Höhle eine Hütte. Dort lernten wir zwei junge Höhlenforscher namens Ionel und Cătălin kennen. Wir kamen schnell ins Gespräch, und man bot uns eine Unterkunft in der Hütte an. Es wären noch einige Liegen frei. Also, Gepäck danieder und die Lampen zur Hand. Mit Ionel gingen wir dann gemeinsam in die Comarnic-Höhle. Ein langgehegter Wunsch meinerseits ging nun endlich in Erfüllung. Wir durchwanderten die Höhle bis zum anderen Ausgang. Dort inspizierten wir ein wenig das karstige Gelände, und dann ging es durch die Höhle wieder zurück. Also bingo, bingo, sehr schöne Kalkformationen, und mein Fotoapparat hat sich mächtig einen „abgeblitzt". Das heißt, ab heute schlaflose Nächte, gequält von der Frage: Werden die Fotos gelungen sein?

Am späten Nachmittag sind wir noch einmal los, auf der Suche nach der Peştera Racoviţă. Gefunden haben wir sie nicht, aber die wundeschönen Pfade haben allemal gelohnt. Am Abend machten wir dann gemeinsam ein richtig großes Lagerfeuer.

25.4.99

Heute gingen wir gemeinsam mit Ionel und Cătălin auf Wanderschaft. Natürlich standen heute wieder Höhlen auf dem „Speiseplan". Wir liefen zunächst den markierten Wanderweg in Richtung Iabalcea. Auf einem Plateau voller blühender Pflaumenbäume zweigten wir nach links zur Schlucht ab. Dann führte ein kaum sichtbarer Pfad steil hinab zur „Peştera Speo Sport77" (Legii Nr. 9-1973). In meinem Plan war diese nicht aufgeführt, aber gelohnt hat es sich, soviel sei gesagt. Nahe dieser Höhle besuchten wir gleich noch eine weitere, die „Peştera Ţapului". Ein kleiner Durchschlupf führte in diese wunderschöne Höhle. Wirklich großartig! In diesen Höhlen hier befinden sich sehr helle, weiße Kalkformationen. Irgendwann haben wir wieder das Licht der Welt erblickt und stiegen aus der Schlucht nach oben hinaus. Ionel wollte uns noch eine weitere Höhle zeigen, war sich aber nicht ganz sicher, wo wir erneut absteigen müssen. Bei einem Bergbauern holte Ionel weitere Erkundigungen ein. So liefen wir ein Stück auf dem Plateau entlang. An einem beginnenden Waldrand stiegen wir erneut in die Schlucht hinab. Wieder ein kaum sichtbarer Pfad. Dann erblickten wir das wunderschöne Höhlenportal der „Peştera Cuptorul Porcului". Wir machten eine kurze Rast. Und wieder ging es in die Dunkelheit steinerner Welten, und das Licht unserer Lampen machte erneut wunderschöne Kalkformationen sichtbar.

Gegen 16 Uhr waren wir wieder an unserer Hütte. Christian hat Feuer gemacht, und dann bereiteten wir eine irre kreative „Gebirgssuppe". Lecker, lecker, und anschließend packte uns noch einmal der Tatendrang. Wir liefen in Richtung Anina. Nach ca. zwei Kilometern zweigt ein verwachsener Weg ab. Es ist eine ehemalige Kleinbahnstrecke, die von Reşiţa nach Anina führt. Gleise findet man hier keine mehr, aber ein verwaister Tunnel (ca. 150 Meter) ist noch vorhanden. Dann noch etwa drei Kilometer das alte Gleisbett entlang, und zur linken Seite befindet sich eine unverschlossene Eisentür. Es ist die „Peştera Popovâţ". Es folgt eine kleine Eisenluke, durch die man hindurchkriechen muß. Schnell weiten sich die Räumlichkeiten zu einer riesigen Galerie. Rechtsseits ein kleiner Abstieg an einem kleinen unterirdischen Bachlauf. Dort gelangt man in eine tiefer gelegene Galerie, in der sich ein Höhlensee befindet. Aus dem Fels ergießt sich eine kleine Kaskade. Wenn es wenig Niederschläge gibt, dann kann man genau dort hindurchschlüpfen und gelangt in eine weitere riesige Galerie. Aber das war uns heute nicht möglich. Schade, aber auch so war es ein kleines Abenteuer. Mit Einbruch der Dunkelheit waren wir wieder an unserer Hütte und schürten das Lagerfeuer.

26.4.99

Um 9 Uhr Abmarsch nach Iabalcea. Auch die zwei Höhlis gingen mit uns und wollen weiter nach Reşiţa. Diesmal liefen wir die blaue Banderole. Um 10.30 Uhr waren wir am mit Horst vereinbarten Treffpunkt im Ort. Wir hatten noch einige Zeit und ließen uns bei Freunden von Horst auf einem sehr schönen Bauernhof nieder. Es regnete. Zum Mittag ging der Regen langsam vorbei, und Horst kam, uns abzuholen. Wir luden unsere Kraxeln auf den Dachgepäckträger, und dann fuhr uns Horst direkt nach Caraşova. Caraşova ist im übrigen ein kroatisches Dorf. Insgesamt gibt es hier sieben kroatische Dörfer mit katholischer Konfession (Nermed, Caraşova, Iabalcea, Clocotici, Lupac, Vodnic, Rafnic). In Caraşova hielten wir hinter der großen Brücke. Hier hieß es wieder „Säcke auf", und erneut gingen wir in die Karasch-Klamm (Cheile Caraşului). Ein Stück begleitete uns Horst und gab uns viele Tips mit auf den Weg. Dann liefen wir weiter. Es war ein wunderschöner, schmaler Weg, der uns durch die Schlucht führte. Mittlerweile schien die Sonne. In Prolaz schlugen wir auf einer großen Wiese unsere Zelte auf. Ein tolles Fleckchen Erde ist das hier. Christian kümmerte sich ums Feuer, und ich schwatzte ein wenig mit einem Alten, der hier angelte. Sein Gehöft steht auf der anderen Seite des Flusses. Zum Abend bereiteten wir am Lagefeuer eine deftige Nudelsuppe. Nächtens im Zelt schraubte ich noch an meinem kleinen Weltempfänger. Wo ist doch nur die Deutsche Welle? Was macht der Krieg in Serbien, von dem wir ja nur einige Kilometer entfernt sind?

27.4.99

Um 9.30 Uhr machten wir uns mit kleinem Gepäck wieder auf den Weg. Die „Peştera Ţoloşu" sollte unser Ziel sein. Der Caraş führte viel Wasser, und so konnten wir nicht den kürzesten Weg nehmen. Wir querten den Fluß an einem Übergang, der aus zwei Drahtseilen bestand, und dann ging es erst einmal bergauf. Weiter ging es über den „Vf. Pavana" (548 Meter). Die Landschaft verläuft hier oben plateauartig. An einem Bauerngehöft fragten wir nach dem Abstieg zur Höhle. Die Bäuerin begleitete uns bis zum Abstieg. Abstieg? Na ja, sie selbst wäre noch nie dort gewesen, aber hier müsse es runtergehen. Wir fanden aber keinen Pfad, und das mit Sträuchern bewachsene Gelände war sehr steil. Wir liefen ein wenig hin und her, und schließlich hangelten wir uns durch die Wildnis hinab. Weiter unten ging es über einige Schotterhalden. Wir hielten uns rechts und überstiegen dort noch einen absteigenden Grat. Dann sahen wir eine glatte aufragende Felswand. Dort mußte die Höhle sein. Wir fanden im aufsteigenden engen Tal riesige Geröllsteine, und es war ersichtlich, daß hier gelegentlich viel Wasser abgehen muß. Horst hatte uns erzählt, wenn es sehr viele Niederschläge gibt, dann kann es geschehen, daß aus dem Höhleneingang eine Wasserfontaine über 15 Meter hinausschießt. Schließlich standen wir davor. Der Eingang, welcher absteigend in die Höhle führt, stand bis oben zu mit Wasser. Wir hatten Pech. Dennoch, eine überwältigende Landschaft war das hier. Weiter unten am Fluß sollen noch einige große Strudeltöpfe zu sehen sein. Wir stiegen aber weiter den Hang entlang in Richtung Prolaz. Es ging durch dichtes Gestrüpp, über brüchigen Kalk und Geröll. Mühsam kamen wir vorwärts. Die Sonne schien, und ich bemerkte, daß wir hier bestimmt noch einige Schlangen sehen werden. Kaum 15 Minuten waren vergangen, da hatten wir ein sehr schönes Kreuzotterpärchen entdeckt. Fotopause. Ein Stück weiter stiegen wir auf und kamen wieder zum Vf. Pavana. Kurze Pause.

Wir hatten einen mächtigen Durst, das Brot war nicht sonderlich reichlich bemessen, und der Ţuică war uns ebenfalls ausgegangen. Welche Schmach! Aber Iabalcea liegt doch nicht weit, nur wo genau? Wir liefen ein Stück übers Plateau und fragten einen alten Hirten nach den Weg. Alles weitere gestaltete sich recht einfach. Gegen 15 Uhr waren wir, ausgedörrt wie Trockenblumen, im Ort angelangt. Wir glichen einer Wünschelrute, die das Bier sucht. Unser Ziel war das „Magazin Mixt". Es war zu. Aber wir wußten bereits, wo die Frau des Geschäftes wohnt. Wir hatten Glück, und wenig später hielten wir ein kühles Bier in der Hand. Brot gab es auch, nur mit dem Ţuică, da bedurfte es eines kleinen Aufwandes mehr. Die Verkäuferin ging einige Häuser weiter, kam zurück und nannte uns einen Preis. Wie einigten uns auf zwei Liter. Nun war die Welt in Ordnung. Für die Rücktour suchten wir uns einen anderen Weg nach Prolaz. Es ging runterwärts durch den Ort und dann ein Stück Richtung Caraşova. Dann, in Sichtweite einer Starkstromleitung, stiegen wir zum Vf. Stocic (495 Meter) hinauf. Von hier oben hatten wir einen schönen Blick auf Prolaz. Unten kamen wir an einem Gehöft vorbei. Ein Mann kam auf uns zu. Es war der Alte von gestern. Ob er Milch und Käse hat? Ja, und am Abend gegen 20 Uhr sollen wir kommen. An den Zelten angekommen, bereiteten wir ein frühes Abendbrot. Zeit war noch genügend, und so entschlossen wir uns, das aufragende Massiv hinter unserer Zeltwiese noch ein wenig zu erkunden. Es ging steil hinauf. Wir stiegen über eine Schuttrinne durch dichten Wald. Oben am Fels angekommen, fanden wir eine

Grotte. Vor ihr stand ein Kreuz zum Gedenken an einen verunglückten Kletterer. Ein Stück weiter fanden wir auch noch eine kleine Höhle. Ein Felsengang führte steil hinauf und endete an einem Portal mitten in der Felswand. Der anschließende Abstieg war recht rasant. Wir huschten auf der Geröllrinne wieder durch den Wald hinunter. Da ging die Post ab.

Um 20 Uhr waren wir wieder bei dem Bauern. Der war mit seiner Alten noch beim Pflügen. Sie spannten die Ochsen aus, und wir ließen uns an einem schönen Sitzplatz vor dem Haus nieder. Die Milch mußte ja schließlich erst frisch gemolken werden. Es war eine schöne Abendstimmung hier. Wir zahlten schließlich gut für Milch und Käse, verabschiedeten uns und gingen zum zweiten Abendbrot, während ein schönes Lagerfeuer daherknisterte.

28.4.99

Um 10 Uhr war gepackt. Der Alte kam noch mit einer 2-Liter-Flasche frischer Milch zu uns. Gratis, zum Abschied sozusagen. Und wenn wir wiederkommen, dann sollen wir doch direkt bei ihm schlafen. In der Nacht hatte es wieder geregnet. Auf unserem weiteren Weg flußabwärts mußten wir sehr aufpassen, nicht auszurutschen. Konzentration war angesagt. Gegen Mittag war unser Ziel erreicht. Eine sehr schöne Zeltwiese am Fluß und gegenüber in der Felswand ein riesiges Höhlenportal der „Peştera Liliecilor" (Fledermaushöhle, 640 Meter). Zeltaufbau im Sonnenschein. Kaffeepause. Dann hielt uns aber nichts mehr. Wir furteten den Fluß, und nichts wie rein in die Höhle. Zum Portal muß man an der Felswand etwa zehn Meter steil hinaufklettern. Rauf mag gerade noch gehen, aber runter wird schon schwierig. Zum Glück hatten wir ein Seil dabei. Rüdi fand einen alten Haken. Die Gänge in der Höhle waren mitunter sehr schön geformt. Fledermäuse sahen wir auch. An dem Punkt „Trecera Dificilă" erreicht die Höhe des Höhlenganges ein sehr niedriges Niveau. Ich kroch dann allein noch bis zum Abschnitt „Dopul de Nisp". Dann kam eine Passage, die ich doch nicht allein wagen wollte, und ich ging zurück. Natürlich haben wir auch einige Fotos gemacht.

Wieder an den Zelten, kurze Kaffeepause. Schließlich war für heute ja noch die „Peştera de după Cârsă" (363 Meter) unser Ziel. Das Eingangsportal hatte uns ja Horst schon gezeigt, aber wie es dort genau weitergeht, das ist uns bei der Informationsfülle verlorengegangen. So fanden wir auch das Portal. Rüdi suchte ein zweites, darüber liegendes Portal ab. Unten fanden wir nur eine Grotte vor, und oben fand Rüdi auch kein Weiterkommen. War es doch nicht das richtige Portal? Wir liefen ein Stück weiter Richtung Caraşova. Zwei kleine Jungen sammelten in einer Plastikflasche Schlangen für die Schule. Wir fragten nach der Höhle. Die wäre hinter uns. Wir zweifelten und gingen gemeinsam zurück. Die zwei Bengels stiegen zum oberen Portal hinauf. In jener Grotte stiegen sie hochwärts durch einen kleinen Spalt in eine offene Doline. In dieser setzte sich dann ein weiteres Höhlenportal fort. Das war sie also doch, unsere Höhle. Hier ging es wieder hinein. Die zwei Jungen sind zurückgegangen. Nach der ersten Galerie zweigen drei Gänge ab. Wir mußten den mittleren nehmen, und dann wurde es auf lehmigem Untergrund recht abschüssig. Ca. fünf Meter ging es hinab in einen aktiven Höhlengang. Ein kleiner Bach fließt hier. Ich schlenderte durch das recht flache Wasser noch bis hinauf zu einer kleinen Kaskade. Es war ein recht interessanter Weg. Christian hat im vorderen Teil der Höhle noch einen ganz kleinen, senkrecht absteigenden Durchschlupf entdeckt. Ich ging dann noch einmal dorthin und kroch hinein. Einige Meter schlüpft man abwärts, und dann kommt ein Vorsprung, welcher ca. sechs bis acht Meter steil abfällt, in eine neue Galerie. Ich konnte das Seil zur Sicherheit an einem kleinen Stalagmiten befestigen und stieg hinab. Hier zweigt ein kleiner Gang ab und endet nach einigen Metern. Die Galerie ist leicht abschüssig, und unten findet sich links ein schmaler, absteigender Durchschlupf. Ich leuchtete ihn aus, und er schien weiterzuführen. Aber der Durchschlupf war mir für eine Solotour dann doch zu arg. Ich kletterte zurück. Christian hat oben gewartet. Rüdi ist mittlerweile zu den Zelten zurückgegangen.

Nach dieser Höhlentour faßten dann Christian und ich noch den Beschluß, das kleine Stückchen Weg noch nach Caraşova zu laufen. Dort kauften wir uns in einem Lebensmittelladen je zwei Bier und wohlschmeckende Würste. Für Rüdi steckten wir zwei Bierchen ins Gepäck. Anschließend inspizierten wir noch eine neu eröffnete Bäckerei und kauften frisches Brot. Auf dem Rückweg stöberten wir noch ein wenig durch den Fels. Vielleicht ist hier noch eine weitere Höhle? An den Zelten angekommen, hatte Rüdi für uns gerade die Suppe fertig. Wenn das kein Timing ist! Zum Lohn überreichten wir ihm das Bier. Wenn das keine Überraschung war! Den Abend beendeten wir mit einem Lagerfeuer und Ţuică. Das große Höhlenportal der Fledermaushöhle nahm jetzt im Schatten beginnender Dunkelheit die Form des afrikanischen Kontinents an. Witzig und beeindruckend zugleich.

29.4.99

Wieder Regen in der Nacht und Sonne am Morgen. Um 10 Uhr hieß es „La revedere Cheile Caraşului", und wir liefen nach Caraşova. Dort verewigten wir uns erst einmal auf der Terrasse von einem Restaurant und tranken einige Bierchen. Wir genossen den Ausblick auf das Dorfleben. Einige Zeit später begaben wir uns in ebendieses. Eine Korbflechterei machte uns neugierig. Der Chef kam uns entgegen, und unserer Bitte um eine Besichtigung wurde anstandslos stattgegeben. Der Chef selbst führte uns durch die Produktionsstätten. 18 Leute, vorrangig Frauen, arbeiten hier. Die Waren werden auch in das westliche Ausland exportiert. Das Preisdiktat obliegt natürlich den westlichen Importeuren, und so bekommt die Firma hier für die verschiedenen Korbmodelle (inkl.

Korbpuppenwagen) ca. 2,50 DM pro Stück. In Deutschland bezahlen wir dann zwischen 20 und 30 DM für solche Produkte. Eine Frau in dieser Firma konnte ich noch überreden, sich in traditioneller Tracht der hiesigen Kroaten fotografieren zu lassen. Sie wohnte ganz in der Nähe, und der Chef hatte keine Einwände. Multumesc foarte mult!

Gegen 16.30 Uhr sind wir dann mit Gepäck zur großen Brücke über dem Ort gegangen. Horst wartete schon dort mit dem Auto auf uns. Ein wenig wehleidig war mir schon, als wir diese schöne Gegend verließen und zurück nach Reşiţa fuhren. Am Abend sind wir dann mit Horst noch ein wenig durch Reşiţa gebummelt. Auf einer Anhöhe über der Stadt hatten wir einen guten Überblick über die riesigen Industrieanlagen, welche von bewaldeten Bergen umgeben sind. Horst hat uns viele Details zur Geschichte dieser Stadt erzählt, er lebt so richtig mit Herz in ihr.

30.4.99

Noch am Abend zuvor haben wir schon unser Gepäck neu geordnet, denn wir hatten während der Zeit in der Karasch-Klamm einige Geschenke für Freunde in Pui hier bei Horst hinterlegt. Nun mußte alles wieder in den „Sack".

Um 5.30 Uhr war die Nacht vorbei. Waschen und ein gemütliches Frühstück, und dann hat uns Horst zum Bahnhof begleitet. Wir haben uns noch einmal für all die Mühe und Gastfreundschaft bedankt, und um 7.15 Uhr ging unser Zug. Die Entfernung Reşiţa – Pui ist laut Luftlinie nicht sonderlich weit, aber mit dem Zug wurde eine recht interessante Tagestour daraus. Die Strecke führte uns über Caransebeş, Băile Herculane, runter zur Donau, entlang der serbischen Grenze, Turnu Severin bis Filiaşi. Hier mußten wir umsteigen und hatten bis 14.40 Uhr noch zwei Stunden Zeit. Vor dem Bahnhof waren reichlich Imbißmöglichkeiten vorhanden, und wir ließen es uns gutgehen. Dann der Anschlußzug, weiter über Târgu Jiu, hinauf das Jiul-Tal (ein wirkliches

Bahnfahrererlebnis in irrer Landschaft!!!), Petroşani, und gegen 19.30 Uhr erreichten wir Pui. Wir brachten unser Gepäck zu Dorin, und dann gingen wir zu Familie Stanciu, mit der wir schon längere Zeit befreundet sind. Frau Stanciu hat schon ordentlich gekocht und gebrutzelt und gebacken, und wir dann haben ordentlich gegessen, getrunken, gegessen, getrunken ... und so weiter. Nur der arme Christian mußte sich etwas zurückhalten. Wahrscheinlich hat er beim Snack in Filiaşi irgend etwas nicht vertragen.

Auf ins Şureanu-Gebirge

1.5.99

Heute war Sonnabend und zudem großer Markt in Pui. Nach dem Frühstück bei Stancius haben wir uns das Spektakel nicht nehmen lassen. Ich habe mir beim Viehmarkt einige Viehglöckchen als Andenken gekauft. Der Markt war in mehrere Zonen eingeteilt. An einem Platz verkauften vorrangig Zigeuner Bekleidung und Schuhwerk. An der Hauptstraße gab es Dinge aller Art, von Werkzeug über Lebensmittel, Kinderspielzeug, Rundfunkgeräte, Ersatzteile, Autozubehör und, und, und. Auf einem Weg, der am Râu Bărbat abzweigte, standen die Viehhändler.

Dann Mittagbrot bei Familie Stanciu. Eigentlich wollten nach dem Mittag Dorin, Christian, Rüdi und ich wieder auf Wanderschaft ins Şureanu-Gebirge gehen. Christians Gesundheitszustand hat sich aber sehr verschlechtert, und wir einigten uns beim Mittag darauf, daß Rüdi und ich ins Şureanu-Gebirge einsteigen und Christian mit Dorin morgen oder übermorgen, je nach Besserung, nachkommt. Unsere Aufenthaltsorte haben wir abgestimmt. Um 14 Uhr hat dann Herr Stanciu Rüdi und mich samt Kraxeln noch ein Stück ins Valea Fizeşti hineingefahren. An einer Furt war dann Schluß. Es kamen zwei Pferdegespanne, und so sind Rüdi und ich noch ein Stück mit dem Pferdewagen hinaufgefahren. Es hat zuvor sehr stark geregnet, und die Bergwege hier bestanden nur noch aus Schlamm. Als der Weg steiler wurde, sind wir alle vom Pferdewagen gestiegen. Wir haben unsere Kraxeln aufgeschnallt und sind dann endlich wieder zu Fuß gelaufen. „Nach dem reichlich Mittagbrot tat das mal richtig Not." Unser Ziel war Familie Danuț, die in einem isolierten Bauernhof im Gebirge wohnen. Die zwei Söhne kamen uns unterwegs entgegen, um die Mama mit dem Esel vom Markt in Pui abzuholen. Als wir am Haus ankamen, war niemand dort. So stellten wir unser Gepäck ab und besuchten nicht weit entfernt zunächst ein anderes Gehöft. Dort hatte ich vor zwei Jahren Fotos gemacht, und nun wollte ich diese dort überbringen. Aber auch hier war niemand anwesend. Heute sind wohl alle Bauern zum Markt nach Pui gegangen. Macht nichts, die Bilder haben wir in den offenen Hausflur gelegt. Wieder unten bei Familie Danuț, war nun die Großmutter eingetroffen. Wir ließen uns in der schönen Veranda nieder und bekamen einen großen Krug Țuică gereicht. Es dauerte nicht lange, da war auch Maria mit ihren zwei Söhnen ran, und wir begrüßten uns. Dan, Marias Mann, kam mit dem Pferdewagen einige Zeit später am Gehöft an. Er wollte ca. zehn Ferkel auf dem Viehmarkt in Pui verkaufen und ist nicht eines losgeworden. Sie wären wohl nicht fett genug gewesen. Schwere Säcke wurden in den Keller geladen, und die zwei kleinen Jungens halfen fleißig mit. Auch wir wollten zur Hand gehen, aber das ließ Dan nicht zu, und ich sagte, dann würden wir ihm den Țuică wegsaufen. Er lächelte nur darüber. Dann saßen wir endlich beisammen. Es war Abend geworden. Wir hatten auch viele Gastgeschenke im Gepäck, und Maria tischte kräftig auf. Der Vater von Dan war bis zum Abend auch da, und dann mußte er aber wieder zu den Schafen. Zu später Stunde sind wir dann zu „Sack" gegangen.

2.5.99

„Sus sus sus la Munții sus", so sollte uns der Berg rufen. Aber hier ist der Abschied schwerer als der Aufstieg. Denn in aller

Frühe hatte Dan mit seinen zwei Burschen extra für uns ein Lamm geschlachtet. Das konnten und durften wir nicht ungegessen zurücklassen. Erst dann kann eine Lammseele so richtig in den Himmel aufsteigen. Und weil wir dem Lamm alles Gute wollten, so waren wir von ca. 9.30 Uhr bis 12 Uhr mit Essen beschäftigt. Maria wollte uns noch Käse und Speck mit in die Berge geben, aber wir winkten ab. Hatten ja genügend dabei. Nun war der Abschied nah, und wir machten noch einige Abschiedsfotos. Ich war doch etwas wehleidig, denn wie viele schöne Tage hatte ich hier schon verbracht.

„Zwölfuhrzehn, da geht's durch Lehm", so würde ein Poet seine Reisestory fortsetzen. Hier ist mit einem Auto kein Hochkommen. Da geht's nur mit Pferden. Unsere Schuhe waren bald doppelt so groß und dreimal so schwer, aber wir kamen dennoch gut vorwärts. Unser Ziel war ja die Lämmerhöhle (Peştera Mielului). Dan meinte, wir müssen zum mittleren Bergsattel hinauf. Ich hatte aber mehr den linken in Erinnerung. Wir waren oben, und die Gegend sah so aus, daß ich mit ihr nichts so recht anfangen konnte. Wir trafen Bergbauern, und die verwiesen uns auf jenen linken Bergsattel. So mußten wir eine Bergkuppe umgehen, und es ging durch einen Wald mit rutschigem Abhang. Alte Blätter machten den Lehm noch rutschiger, als er eh schon war, und unter dem Blattwerk verborgene Steine machten mich schließlich „wankelmütig". Ich stürzte mit meiner schweren Kraxel hangüber. Alles weitere überließ ich sozusagen dem Schicksal: Linker Unterarm, schramm, schramm ... linke Augenbraue beschaute sich einen Stein von ganz nah ... schwerer Rucksack drückte ganzes Gesicht gegen Stein (plus voller Mageninhalt) ... jetzt erneuter Überschlag ... totale Schwerelosigkeit ... dann bumm, bumm, linker Oberschenkel versuchte, Stein zu spalten ... Stein hat zurückgebummert, und dann kam ich in den Vorruhestand. Die Augenbraue schwoll schnell an, und die Oberschenkelprellung tat es dieser nach. Kurze Verschnaufpause. Eigentlich wollten wir ja zur Lämmerhöhle, und so setzten wir unseren Weg fort. Natürlich nicht mehr ganz so fesch wie zuvor.

Schließlich fanden wir sie, die Peștera Mielului. Es ist ein unscheinbarer Trichter auf einer Bergwiese, in dem eine Birke wächst. Unten im Trichter liegen stachelige Zweige. Rüdi machte sich daran, diese zu entfernen, und ein kleines Loch öffnete sich uns. Wir stiegen ein. Wer hat eine Geburt schon zweimal erlebt!? Der schmale Einstieg führt nach einigen Metern in eine anschließende Galerie mit sehr schönen braunen Kalkformationen. Ein kleines Wunder ist das hier. Dann verengt sich die Galerie zu einem Gang, und nach weiteren Metern ist nur noch ein schmaler Durchschlupf. Eine Passage haben wir nicht gewagt, aber in jedem Falle geht's dahinter weiter, keine Frage.

Wie setzten unsere Tour nun übertage fort. Ponoricilor lag nicht mehr weit (ca. 4 Kilometer), und wir bummelten zum Tagesziel bei schönstem Sonnenschein. Dort plauderten wir kurz mit zwei Hirten und bauten dann die Zelte auf. Kaffeezeit! Anschließend sammelten wir Brennholz fürs Lagerfeuer. Würden Dorin und Christian heute noch eintreffen? Am Abend waren wir immer noch ziemlich satt von den Gaben unserer Gastgeber in Fizeşti.

3.5.99

Mein linker Oberschenkel war schon gestern angeschwollen, und so hinkte ich mich bei schönstem Sonnenschein aus dem Zelt. Gut, daß wir heute mit kleinem Gepäck unterwegs sein werden. Christian und Dorin sind leider noch nicht eingetroffen.

Wir jedenfalls machten uns heute zunächst auf Tour in die nahe gelegene Ponoricilor-Höhle. Der Speleoclub Hunedoara hat neue Bezeichnungen an den Höhlenportalen angebracht. Darauf war nun zu lesen: „Peștera Ponorici-Cioclovina cu Apă" … „Reservatie Speologica/72063" … „CUSTODE-PROTEUS HUNEDOARA". Diese Höhle steht in Verbindung mit der „Peștera cu Apă" und verfügt über eine Ausweitung von 7890 m. Wir besichtigten den vorderen Bereich „Sala Mare" und ein folgender Gang führte uns zu einem Absatz, der ohne Seil nicht zu machen ist. Am Abend wollten wir es dort noch einmal versuchen. Ein verkeilter Baumstamm kurz vor dem Absatz eignete sich ja gut zur Befestigung eines Seiles.

Aber nun gingen wir erst einmal weiter zur „Peştera Ciclovina Uscată"/„... 82063 ...". Dort führt ein alter Stollen in die eigentliche Höhle, in der zu Zeiten des Ersten Weltkrieges mitunter Phosphor für das deutsche Militär abgebaut wurde. Eigens dafür wurde eine Kleinbahntrasse errichtet, die von Pui bis hier oben hinaufführte. Reste des alten Trassenverlaufs finden sich hier noch reichlich. Mein Freund Dorin hat vor zwei Jahren darin einen schönen Eckzahn des ausgestorbenen Höhlenbären gefunden. Die Höhle hat eine Länge in ebenem Verlauf von 763 Metern. Ich war schon oft darin, aber immer wieder finden sich neue fantastische Details. Nach dieser Begehung stiegen wir ca. 100 Meter den bewaldeten Hang hinunter, zum großen Höhlenportal der „Peştera cu Apă". Schließlich wanderten wir wieder zurück zur nächsten Berwiese, und unser nächstes Ziel waren Freunde im Bergdorf Ciclovina, wo ich vor zwei Jahren Fotos gemacht hatte. Nun warteten diese bereits im Rucksäckel auf ihren Bestimmungsort. Zunächst war der Weg zum Dorf recht einfach. Ein schmaler Fußpfad führte immer am Berghang entlang dorthin. Aber am Beginn des Dorfes mußten wir uns doch noch etwas durchfragen. Wir trafen Herr Arsenie bei der Feldarbeit an. Er und zwei junge Damen waren gerade dabei, mit Pferd und Pflug den Maisacker zu bereiten. Eines der Mädchen hatte ich auch damals fotografiert und übergab nun das Bild. Die Freude war groß, und dann gingen wir erst einmal zu Arsenies Haus. Es gab Ţuică und Milch. Der Ţuică war aber wegen der schlechten Pflaumenerträge im letzten Jahr nicht von hoher Konzentration. Das sagte ich Herrn Arsenie, und der ging mit einem Gummischlauch hinters Haus. Es dauerte nicht lange, da überreichte er uns eine Flasche des guten alten Destillates. Ja, das war er. Aber wo der lagert, das weiß wohl nicht einmal genau die Ehefrau. Wir übergaben die Fotos, und ich machte natürlich gleich neue Bilder fürs nächste Mal. Frau Arsenie gab uns noch frischen Käse mit auf den Rückweg. Aber zuvor wollten auch die zwei Mädchen noch einmal fotografiert werden. Sie huschten schnell in ihre Butzelhäuschen, und statt Gummistiefel und grauer Kluft standen binnen fünf Minuten zwei Grazien in lockendem Gewand vor uns. Natürlich alles selbst genäht. Alle Achtung! Ich glaube, in einigen Jahren richtet die internationale Modewelt ihr Auge auf die rumänischen Bergdörfer, jede Wette!!!

Auf dem Rückweg kamen wir erneut an einem Sommerhaus vorbei, wo zwei Herren mit Ausbesserungsarbeiten an der Hütte beschäftigt waren. Ein kurzer Regenschauer hatte uns eingeholt, und ich machte mir einen Spaß und belaberte die beiden Herren: „Ja, da habt ihr zwei Fremde erblickt und heimlich beim Herrgott schlechtes Wetter erbeten." Die lachten und winkten uns in die Hütte. Wir holten unseren Ţuică hervor, und dann wurden die Gläschen gefüllt. „Noroc!" Als ich ein zweites Mal einschenken wollte, da sagte der Alte, es wäre genug. Ich verwies auf deutsche Tradition, daß man ja auf einem Bein nicht stehen könne, und der Alte konterte, er wäre nicht zu Fuß hier, sondern mit dem Pferd. Da hatte er sich nun so richtig „reingeritten", denn ein Pferd hat bekanntlich vier Beine, wie jeder weiß, und nach viermaligem Anstoßen hatte unser Fläschchen dann auch sein Minimalgewicht erreicht. Heiter und beschwingt schlenderten wir nach Ponoricilor zu unseren Zelten zurück. Mittlerweile schien auch die Sonne wieder. Späte Kaffeepause. Dann packten wir unser Seil ein und gingen noch einmal in die „Peştera Ponoricilor". An dem schon bekannten Baumstamm fixierten wir unser Seil, und Rüdi stieg hinunter. Aber die 30 Meter Seil reichten nicht aus. Es fehlten etwa fünf Meter. Schade, und Rüdi stieg wieder hinauf. Aber wir steckten noch voller Tatendrang, und so entschlossen wir uns, die „Peştera din Valea Stânii" (1.500 Meter Länge) aufzusuchen. Ein alter Hirte beschrieb uns den kürzesten Weg, und wir fanden die Höhle recht schnell. Das Laub und einige Steine wurden zur Seite geräumt und eine Blechplatte aufgehoben. Dann war der sehr kleine Einstiegskanal frei. Nach einigen Metern mühsamer Kriecherei kam dann der Schock für mich. Die Höhle war verschlossen. Drei dicke Eisenstangen mit je einem Schloß blockierten in einem einbetonierten Eisenrahmen den weiteren Durchschlupf. Es war kein Reinkommen, und wir mußten zurück. Nur gut für mich, daß ich dort in dieser Höhle schon drei Exkursionen gemacht hatte. Aber trotzdem wollte ich zu gerne noch weitere Fotos machen. Na, dann vielleicht beim nächsten Mal mit Leuten vom Speleo-Club Hunedoara. Und eigentlich bin ich mir ja auch im klaren darüber, daß diese wunderschöne Höhle wirklich vor Beschädigungen geschützt werden muß. Auf dem Rückweg sammelten wir noch Brennholz für unser abendliches Lagerfeuer.

Spät am Abend dann doch noch eine Überraschung. Dorin und Christian sind eingetroffen. Allerdings sah mein rumänischer Freund Dorin nicht sonderlich gesund aus. Er ging auch gleich schlafen. Und wir saßen noch lange bis tief in die Nacht hinein am Feuer und tauschten unsere unterschiedlichen Erlebnisse aus.

4.5.99

Gegen 8.30 Uhr sind wir erwacht. Christian hat gleich das alte Lagerfeuer entfacht. Es war herrlichster Sonnenschein. Gegen 10 Uhr lag Dorin noch immer im Schlafsack. Wir gaben ihm 20 Minuten. Dann stiegen wir gemeinsam mit großem Marschgepäck zur Forststraße über Ponoricilor hinauf. Dorin sah wirklich schlecht aus. Er würde den heutigen Marsch sicher nicht überstehen. Wir machten eine Pause und einigten uns darauf, daß Dorin wieder nach Pui absteigt. So konnte er in dieser Zeit für uns schon die Platzkartenreservierung für unsere Rückfahrt besorgen, denn seine Lebensgefährtin wohnt direkt in Deva und arbeitet bei der Bahn. Nun waren wir wieder zu dritt. Der Weg führte uns zunächst nach „Fundătura Ponorului". Eine malerische Region!!! Bei einer alten Bäuerin machten wir halt und erkundigten uns nach dem weiteren Weg ins Valea Rea. Aber dafür mußten wir erst einmal durch das riesige Ponor, und dann ging es wieder bergauf. Aber da machten wir noch einmal Rast an einem anderen Bauernhof. Eine Bäuerin bewirtete uns mit frischer Milch. Dann weiter hinauf bis zu einer Forststraße. Hier hatten wir einen sehr schönen Überblick über die Gegend. Selbst der „Vf. Şureanu" (2.059 Meter) war zu sehen. Am „Vf. Bulzu" (1.192 Meter) besuchten wir noch eine kleinere Höhle. Der Forstweg verlor sich in einen Trampelpfad. Hier sollte irgendwo ein Pfad nach unten führen. Am Waldrand irrten wir etwas hin und her, aber dann fanden wir ihn, den ins Valea Rea hinabführenden schmalen Fußpfad. Ein malerischer Weg.

Unten im Valea Rea (Valea = Tal) kamen wir an einer Blockhütte raus. Ein alter Mann hackte Holz, und wir machten am Bach eine Mittagspause. Die Frau des Alten lief zu uns hinüber, und wir kamen locker ins Gespräch. Ich hatte längst die Kühe gesehen und erkundigte mich nach frischer Milch. Wir zahlten ein kleines Entgelt, und dann ging ich mit der Alten zur Hütte. Der Mann ist 84 Jahre. Ich bekam eine große Flasche Milch abgefüllt. Schließlich schenkten wir dem Pärchen noch ein kleines Fläschchen Ţuică. Da kam die Bäuerin gleich mit einem Nachschlag frischer Milch zu uns. Das war ein Schmaus!

Nun folgte der Abmarsch über das Valea Rea in das Valea Streiului. Noch einige Kilometer schleppten wir uns bis zu einer Blockhütte. Dort errichteten wir unsere Zelte am Strei-Fluß. Am Abend regnete es. Wir nutzten die Auszeit zur Erholung unserer Glieder. Etwas Witziges ist mir heute noch in Erinnerung geblieben. Oben in den Bergen hat sich Christian mit Rüdi unterhalten: „Rüdi, du warst doch auch schon öfters in den Alpen? Was ist denn so der Unterschied zu den rumänischen Bergen?" Rüdi ist kein großer Erzähler, aber er verinnerlicht sehr viel. Er antwortete Christian: „Na ja, in den Alpen, da sind es die Berge. Aber *hier sind Berge und Menschen ein Erlebnis.*" Eine großartige Aussage. Kann man nicht deutlicher beschreiben.

5.5.99

In der Nacht hat es geregnet. Auch am Tage war es bewölkt, windig und kühl. Dennoch stiegen wir mit kleinem Gepäck zur „Peştera Tecuri" hinauf. Der Aufstieg durch den steilen Niederwald war mühsam. Oben auf dem Plateau begegneten wir einer Schafherde. Der Weg führte an einer Stelle direkt an der steilen Abbruchkante der hiesigen Felsformationen vorbei. Ein beeindruckender Ausblick. Kurz vor der Tecuri-Höhle machten wir an einer Wasserstelle eine Trinkpause. Es begann zu regnen. Fast wären wir an der Höhle vorbeigelaufen. Dann standen wir vor der Doline, welche in die Höhle führt. Die uralte Holzleiter, welche in die Höhle hinabführte, war komplett demontiert. Wir versuchten es mit dem Seil. Es war kalt und das Gestein sehr rutschig. Der untere Teil der Doline war weiter ausgehöhlt als oben, und so gelang ein Abstieg nicht. Uns fehlte bei dem Wetter auch etwas die Motivation. Nach langem Zögern entschieden wir uns für den direkten Abstieg in das Strei-Tal. Es gab eine Einbuchtung in der riesigen Felswand, wo ein Abstieg möglich ist. Wir schafften es. Es war früher Nachmittag, und wir überlegten, wie es heute weitergehen soll. Nach Pui oder noch hierbleiben? Wir einigten uns auf den heutigen Verbleib und wanderten am Abend mal schnell in das Bergdorf Petros, um ein Bierchen zu trinken. Das Magazin Mixt war aber geschlossen. Ein vorbeigehender Mann sagte, wir sollen 15 Minuten warten, der Chef schaut gerade Fernsehen.

Die Viertelstunde war um, und auf dem Hof stand ein älterer Herr und pumpte Luft auf sein Fahrrad. Ob er der Chef hier sei, fragte ich, und der sagte nein. Ich konterte und sagte, daß ich längst wisse, daß er der Chef ist. Da lachte das alte Schlitzohr und schloß den kleinen Laden auf. Einige Stühle standen darin. Wir kauften einige Bierchen und auch Zigaretten für den Alten in der Blockhütte nahe unseren Zelten, denn von dem bekommen wir morgen Milch zum Frühstück. Und noch heute am Abend sollen wir bei ihm vorbeischauen. Vorerst aber saßen wir hier. Ein Pferdegespann hielt, und ein älterer Herr mit Rauschebart und strubbeligem Haar trat ein. Wir begrüßten uns und kamen auch gleich ins Gespräch. Es dauerte nicht lange, da hatten wir hier ein rechtes Bevölkerungswachstum zu verzeichnen. Wir kauften eine Flasche Țuică und gaben eine Lage für alle. Einer der Männer schenkte uns eine Flasche Sekt. Der Alte mit dem Pferdewagen überredete uns, noch mit in sein Haus zu kommen. So schlenderten wir hinterher. Seine Frau öffnete das Hoftor. Ein wundervolles Gehöft mit einem uralten und gut erhaltenen Gebäudeteil. Wir inspizierten das alte Haus und auch die Wein- und Schnapsvorräte. Im Küchenhaus machte uns die Frau Kaffee und reichte selbstgemachten Rotwein und Țuică. Wo wir ihren Mann getroffen haben, fragte sie. Ich antwortete: „In der Nähe vom Magazin Mixt." Die lächelte nur und winkte ab. Auch wir lächelten. Zu später Stunde zeigte uns der Zauselkopf noch sein Saxofon. Aber beim Anblasen klemmten doch einige Knöpfe. Zu später Stunde machten wir noch einige Fotos und verabschiedeten uns. Sehr spät waren wir an der Blockhütte nahe unseren Zelten. Der Alte kam in Unterwäsche heraus und winkte uns ins Haus. Wir schenkten ihm Zigaretten und ein Feuerzeug. In dem schwachen Licht der Petroleumleuchte bekam das alles hier so eine wunderbare Stimmung. Noch lange schwatzten wir hier. Besonders die vielen Schrotteile interessierten uns, die wir beim Abstieg von der Tecuri-Höhle ins Strei-Tal gefunden hatten. Ja, auch hier gab es einmal eine Schmalspurbahn, die dem Holztransport diente. Der Alte kannte das alles ja noch.

6.5.99

Heute brachen wir die Zelte ab und gingen nach Baru. Dort hofften wir auf einen Anschlußbus nach Pui. Der fuhr aber erst am Nachmittag gegen 15 Uhr direkt von der hiesigen Fabrik ab. Hier werden Schamott- und Keramikprodukte gefertigt. Vorrangig für industrielle Anwendung. Wir hatten Zeit und erwirkten ein Gespräch mit dem Chef der Fabrik. Wir bekamen einen kleinen Einblick in die Produktion vermittelt. Wo geht so etwas schon in Deutschland?

Nahe der Fabrik befand sich ein privates Restaurant. Dort kehrten wir ein und überbrückten die Zeit bis zur Abfahrt mit gutem Essen und Ursus-Bere. Dann gegen 15 Uhr fuhren wir mit dem Arbeiterbus nach Pui. Dorin war im Haus und sah doch wieder recht erholt aus. Eine andere befreundete Familie in Pui hatte mittlerweile privat ein Geschäft eröffnet. Wir meldeten uns zum späten Nachmittag zum Besuch an. Oh, oh, da wurde kräftig aufgetischt, obwohl wir wußten, daß wir ja längst zum Abendbrot bei Frau Stanciu sein müßten. Und auch dort gab es keine Gnade, wir mußten essen. Mit anderen Worten, es ging uns richtig gut.

7.5.99

Abreisetag. Doch zuvor sind wir in aller Frühe zu Familie Stanciu zum Frühstück gegangen. Gegen 9 Uhr nahmen wir nach schwerem Abschied gemeinsam mit Dorin den Zug nach Deva. Gegen 10.30 Uhr waren wir dort. Hier hatten wir Zeit bis 14.40 Uhr. Wir schlenderten durch die Stadt und durchkämmten die Buchläden nach Wanderkarten und derlei Material. Nicht ganz ohne Erfolg. Alte Făgăraş-Karten tauchten in den Buchläden wieder auf. Haben wir natürlich gekauft. Aus welchen Lagerbeständen mögen die wohl sein? Am Ende besuchten wir noch den Markt in Deva. Dann aber hieß es auch Abschied nehmen von Dorin. – Auf ein Wiedersehen, du schönes Land!

Wenn zwee Brandenburjer
in de Maramureş nach Rumänien fahren!

Die Anreise

6.9.99

Also wenn es so etwas wie „rumänische Hormone" gäbe, dann beginnt die kleine Geschichte damit, daß der Mario aus Leegebruch und der Willi aus Jüterbog (meine Wenigkeit) mal wieder reif für die „rumänische Insel" waren. Das bedeutete, Folgeschäden zu vermeiden und schnellstens die Reise anzutreten. Heute war's dann an der Zeit. Um 11 Uhr saßen wir zusammen mit zwei jungen Damen in einem Abteil. In Dresden stieg ein pensionierter Professor zu, der sich aufmachte zu einer Studiosus-Reise nach Bratislawa. Mit dem kamen wir zwei Mannen so richtig ins Gespräch. Kosovo, Aufbau Ost und allerhand solche Probleme. Das war richtig interessant, denn der alte Professor war in den siebziger Jahren auch mal Gastdozent an der Uni von Pristina. Als dieser in Bratislawa den Zug verließ, da meldeten sich plötzlich die zwei jungen Damen zu Wort: „Also stellenweise konnte man sich das ja nicht mehr mit anhören, und überhaupt, warum seid ihr Ossis nur so unflexibel …" und, und, und. So, nun war das Streitgespräch entfacht. Schließlich hatte uns der Herrgott ja auch ein paar Gehirnzellen mit in die Wiege gelegt. Eine der beiden Damen meinte im Austausch hitziger Debatten plötzlich, daß es doch keinen Sinn hätte, so noch weiterzudiskutieren. Ich wollte dann aber doch wissen, was die zwei gegen eine fruchtbare Streitkultur einzuwenden hätten, und machte ihnen klar, daß sie doch sehr sympathisch seien und wir nach diesen Debatten ohne Probleme gemeinsam einen Kaffee trinken könnten. Nun stritten wir weiter, aber mit der Gewißheit, daß man da doch nichts persönlich meint. Schließlich waren wir irgendwann in Budapest und verabschiedeten uns wirklich freundlich. Das war schon O.K. Aber jetzt hatten wir ein wirkliches Problem. Die Ungarn hatten den Zug, der eh schon knapp dran war, keine 300 Meter vor dem Bahnsteig gestoppt. Erst als der Zug nach Rumänien abfuhr, ließ man unseren Zug einfahren. Hastig eilten wir auf dem Bahnsteig daher, in der Hoffnung, den Zug doch noch zu bekommen. Einen ungarischen Bahnvorsteher sprachen wir an, wo der Zug nach Rumänien abfährt. Der schaute durch uns durch, als gäbe es das Land Rumänien überhaupt nicht. Mit einem weiteren jungen Mann aus Dresden suchten wir dann eine Jugendherberge auf. Dort wollten wir George in Botiza anrufen, damit er uns noch nicht in Alba Iulia erwartet. Das Kartentelefon hier in der Herberge war ein richtiger Scheiß, und die junge Dame machte sich erst nach langer Zeit auf, uns Glauben zu schenken, daß mit dem Klapperkasten da irgend etwas nicht stimmt. Genervt hat sie uns dann mit dem Herbergstelefon verbunden. Leider war George mit dem Auto schon nach Alba Iulia aufgebrochen. Nun richteten wir uns ein, und anschließend gab's noch einige Bierchen. Ein wirklich obercooler Amerikaner mit seiner portugiesischen Freundin saß auch mit am Tisch und schien locker drauf. Einen Moment unterhielt ich mich mit einem Ungarn, der auch hier in der Herberge arbeitete, in rumänischer Sprache. Der coole Ami verstand da nix und war plötzlich eingeschnappt. Er brauchte fast fünf Minuten, um wieder auf Anfragen anderer Mitmenschen zu reagieren. Echt cool eben.

Ankunft in Botiza

7.9.99

Um 5.30 Uhr weckten die drei reiselustigen Mannen das diensthabende Mädel der Herberge, uns zu entlassen und bitte noch ein Taxi zu rufen. Sie schaffte es gerade so. Ein Mercedes-Taxi kam. Der Fahrer war ein wirklich problematischer Typ. Nach seinen Berechnungen hätten wohl drei Personen mit Rucksäcken in diesem Auto keinen Platz. Aber wir haben ihn nach Wort und Tat eines Besseren belehrt. Auf dem Bahnhof kauften wir noch sechs Bierbüchsen für die Reise.

Um 7.15 Uhr saßen wir dann in einem Großraumwaggon gemütlich beisammen. Dann zisch und zack, die Bierbüchsen geöffnet, o Gott, hilf, es war alkoholfrei und schmeckte wie P… Aber egal, der Durst trieb's rein. An der rumänischen Grenze hatte unser Dresdener Freund einige Probleme mit dem Durchreisevisum. Die Zöllner zockten richtig ab. Na ja, und mit der Freundlichkeit war es auch nicht sonderlich weit her. Aber jeder erfahrene Rumänienreisende weiß, die Freundlichkeit beginnt spätestens nach der Grenze. In Arad auf dem Bahnhof huschte ich schnell raus, um drei richtige Bierchen zu erstehen. Ich kaufte drei Büchsen, die denen aus Ungarn vom Design her stark ähnelten. Dann wieder zisch und zack, und wieder die Anfrage an den Herrgott, uns zu helfen. Dieses Bier schmeckte nämlich noch scheußlicher. Wir richteten den Spott gegen uns selbst und strapazierten die Lachmuskeln. Gegen 15.40 Uhr kamen wir dann mit etwas Verspätung in Alba Iulia an. George kam uns gleich entgegen und nahm mir eine der schweren Taschen ab. Dann rein in den Dacia und auf nach Botiza. Wir hatten noch eine sehr schöne Abendsonne. Die lange Anfahrt zum Şetref-Paß hinauf wurde es aber dann dunkel. Und endlich *Botiza*. Ich konnte den Ţuică schon riechen, und wenig später war das Gedärm damit benetzt. Mirele tischte das Abendbrot auf. – Rumänien, du hast uns wieder!

Zu später Stunde wurden dann die Gastgeschenke übergeben.

Rundfahrt durch die Maramureş

8.9.99

Heute war eine Rundfahrt mit George angesagt. Nach gutem Frühstück fuhren wir zuerst das Iza-Tal (Kartenübersicht) in Richtung Bârsana. In dem Dorf Rozavlea machten wir aber einen

Zwischenstopp. Die Hauptstraße war voller Menschen, die in Richtung Kirche liefen. Auch aus den anderen Dörfern kamen die Leute herbei, weil man heute hier die Heilige Maria ehrt, welche die Schutzpatronin der hiesigen Kirche ist. „Hram" nennt man dieses Fest, bei dem jede Kirche einmal im Jahr ihren eigenen Schutzpatron ehrt und die Menschen aus den anderen Kirchgemeinden dazu eingeladen sind. Alle Gäste werden dabei von den Leuten aus dem jeweils gastgebenden Dorf gratis mit Speis und Trank versorgt. Für die Leute hier ist das ein jeweils regionaler Feiertag.

Schließlich Weiterfahrt nach Bârsana zur neuen Klosteranlage. Das Eingangsportal zur Klosteranlage war nun auch fertiggestellt. Ich war wirklich begeistert. Die Lichtverhältnisse waren nicht die besten, aber einige Fotos machte ich dennoch. Zur Zeit werden hier auf dem Gelände einige weitere Wohnhauskomplexe in traditioneller Holzbauweise errichtet. Wer weiß, wem das mal dient. Anschließend setzten wir die Fahrt nach Baia Mare fort. Dort stand das *„Mineralogische Museum Baia Mare"* auf dem Besichtigungsplan. Zuerst suchten wir ein kurzes Gespräch mit dem Direktor des Hauses, Victor Gorduza. Ich wollte einige Hintergrundinformationen über dieses Museum für meine Homepage. Anschließend ging's zum Gestein. Sehr beeindruckend, um diese Meinung kommt man nicht herum. Mittlerweile war es Mittagszeit, und wir suchten ein Restaurant auf. Natürlich kam für Mario und mich nur „Ciorbă de burtă" (eine Suppe mit Pansen) in Frage. Ich forderte Nachschlag. George verzehrte lieber etwas Deftiges. Dann setzten wir die Reise fort, zur höchsten Holzkirche (der alten Holzkirchen) in Șurdești. Und weitere Holzkirchen standen auf dem Wunschzettel. So die zwei Kirchen in Rogoz und eine weitere kleine bei Cupșeni. Hier zeigte uns George auch noch uralte Häuser mit Grasdächern. Auf dem hiesigen Plateau war Holz immer schon etwas knapper als in anderen Gebieten, und so benutzte man eben Gras als Material zur Dacheindeckung.

Früher, wenn fürs Vieh mal das Futter knapp wurde, dienten die Grasdächer auch gleichzeitig als letzte Futterreserve. Erst gegen 21 Uhr waren wir zurück in Botiza. Nun hieß es ran ans ABEND-BROT. Aber so groß kann man dieses Wort nicht schreiben, wie es hier zu essen gab. Aber der Țuică war ein guter Helfer. Trunkenheit kann sich da schlecht einstellen. Wir hätten heute mit Sicherheit kein Grasdach mehr leergefressen. – Noapte bună!

Wo ist die Höhle?

9.9.99

George fuhr uns heute mit Gepäck ins Valea Vinului nahe der Stadt Rodna. Wir suchten eine Cabana auf, in der ich bereits vor zehn Jahren schon einmal genächtigt hatte. Gegen 15 Uhr hatten wir uns dort von George verabschiedet und Quartier bezogen. Es war nicht etwa eine Sehnsucht, die mich in dieses wunderschöne Tal trieb. Es war eher das heutige Wissen, daß es hier ganz in der Nähe die Höhle „Peștera lui Schneider" gibt. Sie ist etwas über 100 Meter in der Länge und verfügt über großflächige Ablagerungen von Aragonit-Kristallen im hinteren Teil der Höhle. Aber ich wußte auch, daß die Höhle irgendwo und ohne Orientierungsmöglichkeit im Wald verborgen liegt. Also hieß es ran an die Einheimischen. Der Cabanier saß vor der Cabana mit einer jungen Dame, und ich stellte meine wichtige Frage nach der Höhle. Mein Herzlein bummerte aufgeregt. Dann kurzeitige Abnahme der Herzfrequenz, denn der Cabanier weiß zwar von der Existenz jener Höhle, aber nicht, wo diese zu finden sei. Die junge Dame aber meinte, einen jungen Mann zu kennen, der wohl mehr wüßte. Also Herzfrequenz wieder hoch. Die Dame huschte von dannen und kam mit jenem jungen Mann zurück. Ja, er wüßte, wo die Höhle sei. Wann wir gehen wollten? „Jetzt", sagte ich ohne Umschweife. Der junge Mann Namens Szabo Alexandru lief schnell zurück, um geeignetes Schuhwerk anzuziehen. Aber dann ging es los. Zuerst einen recht steilen Forstweg immer hinauf. Irgendwann bogen wir rechts ab zu einer Bergkuppe und umgingen diese links. Dann irgendwann standen wir vor dem etwa zwei Meter hohen Höhleneingang. Viel Gesteinsschutt im vorderen Teil der Höhle. Dann im mittleren Bereich einige schöne Kalkformationen. Beeindruckend jene mit dem Namen „Hotdoc" (ca. zwei Meter groß). Und endlich kamen die wunderschönen Aragonite im hinteren Teil der Höhle. In der Angst, die Fotos könnten nicht gelingen, hatte ich Probleme, mit den Knipsereien ein Ende zu finden. Da war echte Selbstdisziplin gefragt. Hier zeigt sich, wer ein rechter Mann ist!!! Auf der Rücktour am Berg bekrochen wir noch drei weitere kleine Höhlen. Der Mario bezeichnete mich da als Kohlen-Munk. Na ja, das Waschwasser in der Cabana sah schon etwas wie flüssige Kohle aus. Aber ich lasse das Zeugs nicht patentieren. Dem Alexandru gaben wir zum Dank ein kleines Entgelt und luden ihn noch auf ein paar Bierchen in eine nahe gelegene Bergkneipe ein. Also hier waren wir so richtig unter Einheimischen. Wir ersetzten mit dem Bier auch gleich das Abendbrot.

Einstieg ins Rodna-Gebirge

10.9.99

Wir frühstückten auf einer Terrasse in der ersten Etage unserer Cabana. Mario konnte dabei seinen „Dachdeckerkollegen" auf dem gegenüber liegenden Gebäude zusehen. Dann wurde der Ranzen geschnürt und Abmarsch. Aber weit kamen wir nicht. An der uns bekannten Dorfkneipe kauften wir uns erst einmal ein Bier. Wir nahmen auf der hiesigen Terrasse Platz. Plötzlich kam ein Einzelwanderer daher, und wir winkten ihn ran. Andrzej, ein Pole, wollte heute auch zum Vf. Ineu (2.297 Meter) hinauf. So hatten wir also einen gemeinsamen Weg. Kurze Zeit später, dann auch mit gemeinsamem Mageninhalt, ging's endlich in die Berge. Der Aufstieg durch den Bergwald ging recht gut. Aber dann ging es auf schmalen Pfaden steil eine Bergwiese hinauf bis über die Waldgrenze. Hier entdeckten wir eine neue Schutzhütte. Dann ging es weiter über Gras und Fels. Wasser war hier keines mehr. So quälten wir uns Stück für Stück vorwärts mit dem schweren Startgepäck. Immer und immer wieder diese Schinderei am Beginn einer jeden Bergtour. Die letzten 100 Höhenmeter zogen schwarze Wolken über den Ineu herein. Gegen 18 Uhr etwa hatten wir den Gipfel des Ineu erreicht. Der Pole wollte heute keinen Meter mehr absteigen. Er ging zu einem kleinen Erdbunker kurz unterhalb des Gipfels. Mario und ich stiegen ab in Richtung Lala-See, aber nur bis zum ersten Bach im oberen Kar. Mein Zelt war schnell aufgebaut, wohingegen Mario noch am Abstieg war. Dunkle Wolken kamen jetzt von der anderen Seite über uns herein. Nun war auch Mario klar, daß der Zeltaufbau schnellgehen mußte. Wind kam auf, und mit dem Regen ging's auch los. So bauten wir Marios smartes Kuppelzelt provisorisch auf und verschanzten uns in den Zelten. Ich kochte mir erst einmal ein deftiges Süppchen. Mario unterhielt sich in recht unfreundlicher Weise mit seinem Zelt. Das aber tanzte mit dem Wind und versuchte den Mario für diese windige Folklore zu begeistern. Für mich war's ehrlich gesagt interessant. Ich hatte die Hauptseite meiner Homepage im Auge. An einer Stelle heißt es: „Sie haben noch Fragen nach der Ausrüstung?", und dann folgt auch schon der für heute zutreffende Tip: „Kaufen Sie ein billiges Iglu-Zelt. Bei jedem Windstoß wird es automatisch kontrollieren, ob Sie schon schlafen." So war es dann auch bei Mario. Und Mario kontrollierte dabei, ob sein Zelt die Windstöße kontrolliert. Bei soviel Kontrolle mußten die beiden sich doch am nächsten Tag aneinander gewöhnt haben. Fakt ist jedenfalls eines: Der Mario ist einer der härtesten Camper, die ich in meinem Leben kennengelernt habe. In der Nacht wurde es dann aber recht windstill, und wir alle fanden unsere Ruhe.

Erster Tag auf dem Kamm

11.9.99

Die Sonne schien. Also raus und kurze Wäsche. Kaffee und Frühstück. Marios Zelt stand da wie eine verdrehte Gurke. Oder besser: wie ein russischer Zwiebelturm. Außerdem hat sich Mario die linke Hacke wund gelaufen. Aber wie gesagt, der härteste Camper aller Zeiten und ich entschieden uns, die Tour fortzusetzen. Eventuell übernachten wir in einer Stâna. Ein kalter Wind blies über den Grat hinweg, aber die Sicht war irre gut. Den Andrzej hatten wir auch bald wieder ein. So liefen wir mal zusammen und mal ein wenig zerstückelt. Aber die Orientierung hier im Rodna ist sehr einfach. Auch die Farbmarkierungen waren gut sichtbar. Am Vf. Gărgălău (2.159 Meter) machten wir eine kleine Rast und dann zügiger Abstieg zur Şaua Gărgălău. Hier waren einige kleine Quellbäche und Bergseen. Auf der breit ausladenden Hochweide bei schönstem Sonnenschein beschlossen Mario und ich, hier die Zelte zu errichten. Heute bauten wir Marios Zelt sehr gewissenhaft auf, und alles war gut. Das Panorama hier war sehr schön. Der Andrzej wollte aber noch ein Stück weiterwandern. Wir verabschiedeten uns. Ich drehte am Abend noch eine kleine Runde ohne Gepäck. Sehr schöne Sicht da auch in Richtung Maramureş-Gebirge.

Eine seltsame Wiederbegegnung

12.9.99

Wieder ein Morgen in schönstem Sonnenschein. Gegen 10 Uhr waren wir bereits wieder auf Tour. Ich war schon sehr gespannt auf den Ausblick in jenes Tal hinab, in dem die Cabana Puzdra sich befindet. Und dann die traurige Klarheit: Auch diese Cabana ist wohl abgebrannt. Nur die Fundamente waren noch auszumachen. Aber eine Überraschung erwartete mich links vom Grat auf einem kleinen Seitenkamm. Keine 100 Meter entfernt stand ein Vau-De-Zelt. Ich hiefte meine Kraxel runter und lief mal rüber auf ein Pläuschchen. Ich grüßte und wollte wissen, ob sie Deutsche seien. Zwei Kerls und ein Madel. Einer der beiden Kerls schaute mich an, als sei er von einem Wunder gebändigt. Dann seine ersten Worte: „Wilhelm?" Ja, tatsächlich war das mein Vorname. Nun ging ich zur „Wunderstarre" über. Das Gesicht des zweiten, ja, das war's. Der Dirk war es und der Michael mit seiner Freundin Silke. Dirk, Michael und zwei weitere Thüringer „Wanderknechte" hatte ich vor genau zehn Jahren im Făgăras-Gebirge kennengelernt. Dann gab es auch einiges an Post im nachhinein, aber irgendwann sind die Kontakte versiegt. Und nun wollte es der Zufall, daß wir uns im Rodna-Gebirge wiedersehen. Unglaublich. Wir verabredeten uns für den Abend auf einem gemeinsamen Rastplatz. Die Strecke war schön und etwas anstrengend. Auch Andrzej hatten wir hinter dem Vf. Puzdrele wieder ein. Er hatte Probleme mit den Kniegelenken und wollte jetzt hier nach Borşa absteigen. O je, ein böses Stück Arbeit. Aber der Andrzej ist eine sehr ausgeglichene Seele und wird's schaffen. Eine Gruppe von Tschechen überholte uns. Sonst begegneten wir hier keinen weiteren Wanderern. Am Punkt „Tarniţa la Cruce" muß man sich rechts vom Kamm halten, dann sieht man ca. 100 Meter tiefer einen wunderschönen Bergsee. Mario und ich stiegen ab und suchten uns ein passendes Zeltplätzchen direkt am Bach. Kaffee und Schokolade waren angesagt. Einige Zeit später schickten wir schrille Töne den Berg hinauf, damit unsere Thüringer Freunde nicht das Ziel verfehlten. Und dann kamen sie auch schon. Die Männer der Gesellschaft stiegen dann etwas ins Tal hinab, um trockenes Brennholz zu besorgen. Und dann war der Abend ran, und das Feuer brannte, und wir plauderten und tranken Ţuică. Eine herrliche Gesellschaft. Spät in der Nacht gingen wir zu den Zelten. Den längsten Weg hatte dabei der Mario, obwohl sein Zelt am nächsten stand. Woran das wohl gelegen hat??? Auch haben wir ihn nicht in den Bach fallen lassen, und der nette „Kohlen-Munk" hat ihm sogar das Zelt geöffnet. Mario rollte kraftvoll hinein, als wäre der Weg zu den „Kegel-Pippis" noch weit.

„Oben zu und unten offen"

13.9.99

Mario ging es schlecht, er mußte wohl die „Kegel-Pippis" verschluckt haben. Und so komisch philosophisch war er heute: Es ging ihm schlecht, und zugleich behauptete er, er sei geheilt. Da verstehe einer noch die Welt. Doch letztere war von Sonnenschein umgeben, und so brachen die restlichen vier zu einer kleinen Tagestour zum Vf. Pietrosu (2.303 Meter) auf. Oben hatten wir eine zauberhafte Sicht. Auch die Tschechen machten heute einen kleinen Abstecher hierher. Auf dem Rückweg liefen wir über die malerisch gelegenen Bergseen „Iezerele Buhăiescului". Mario hatte den freien Tag zur Erholung genutzt, und seine offene Hakke konnte gut durchblutet werden. Mario faßte sich an den Bart und sagte: „Mann, bin ick schon zu hier!" Und mir fiel da spontan ein Titel für unsere Reisestory ein: „Oben zu und unten offen!" Am Abend saßen wir wieder beisammen am Lagerfeuer. Wunderbarer Sternenhimmel. Țuică gefällig?

Abmarsch nach Romuli

14.9.99

Heute war ein weiter Weg angesagt. Abmarsch aus dem Rodna sozusagen, nach Romuli hinunter. Der erste Teil der Strecke, immer den Kamm entlang bis zum Vf. Bătrâna, lief sich schnell weg. Aber dann der lange Abstieg hatte es in sich. Ca. acht Kilometer vor Romuli machten wir eine längere Verschnaufpause. Mario ließ Luft an seine offene Hacke, das sah ja wirklich böse aus. Aber unsere Thüringer Freunde hatten sehr gutes Pflaster im Gepäck. Dann aber haben wir wieder „aufgesattelt", und weiter ging's auf qualmendem Gesockse. Gegen 16 Uhr dann endlich die Erlösung. In Romuli, durch den Viadukt vor zur Hauptstraße und dann gleich rechts, das ersehnte Restaurant. Bis 18 Uhr verweilten wir hier noch zu Speis und Trank. Dann trennten sich die Thüringer von den Brandenburgern. Mario und ich hatten mit dem Gastwirt ausgemacht, daß er uns Richtung Țibleş zu einem geeigneten Zeltplätzchen fährt. Bei Fiad bogen wir dann rechts ab, und nach ca. zwei Kilometern kam eine geeignete Zeltwiese direkt am Bach. Im Restaurant hatten wir uns noch zwei Liter Wein gekauft. Ja, und dann am Abend, als die Zelte standen und das Feuer brannte, der Speck über der Glut langsam gar wurde, da floß dann auch der Wein in Strömen in die Männerkehlen. Ein Hirtenhund hatte sich auch bei uns niedergelassen und freute sich über manches Leckerli. Schön war's. Wir überlegten, wie es morgen weitergehen sollte. Bis zum Țibleş-Gipfel wären es von hier aus noch ca. 15 Kilometer. Und dann hätten wir nur noch zwei Tage bis Botiza. Und das mit Marios Hacke? Aber Mario hatte sich eh bis hierher wacker geschlagen. Doch die endgültige Entscheidung wollten wir dann doch erst am nächsten Morgen fällen. Doch bereits in der Nacht „fällte" ich andere Dinge ins Dunkel hinaus. Bei diesen Würgeschreien waren wir wenigstens sicher vor den Bären. Wozu der Wein so alles gut sein kann!!!

Einsame Cabana auf dem Şetref-Pass

15.9.99

Mein letzter Würgeschrei ist gegen 7 Uhr in der Frühe erfolgt. Mann, war mir schlecht. Und eigentlich hätte ich's wissen müssen, denn mit dem Wein geht's bei mir nicht so gut. Mario war natürlich „sehr traurig" über mein Leid. Ich betrieb Stöhnen als Meditation. Mario wollte sich die Schuhe über seine geschundenen Füße ziehen und begann auch mit der „Meditation". Aus „Mitleid" konnte ich nun wieder ein erstes Mal lachen. Gegen 10 Uhr entschlossen wir uns, die kurzfristige Gewalttour durch das Țibleș-Gebirge zu lassen. Wir entschlossen uns, zum Șetref-Paß zur dortigen Cabana hinaufzutrampen. Ich war ja schon einige Male an dieser Stelle vorbeigekommen. Und immer habe ich mir gesagt: „Hier mußt du einmal in deinem Leben übernachten." Etwa fünf Jahre steht dieses Gebäude dort auf dem Paß. Also gingen wir's an. An der Straße kamen wir schon nach kurzer Zeit weg. Ein sehr lebhafter Fahrer nahm uns in seinem Kleintransporter mit. Wenig später waren wir bei schönstem Sonnenschein oben am Șetref-Paß (818 Meter). Wir gingen in den Gastraum und erkundigten uns nach einer Übernachtungsmöglichkeit. Ja, das würde gehen, und wir sollen unser Gepäck in den oberen Gastraum bringen. Dort unterhielten wir uns mit einem Pärchen aus Oberwischau. Bücher über Maramureș lagen hier auf jedem Tisch aus, und Mario entdeckte auf einem Foto darin auch unseren Cabanier. Er heißt Pătru Bârlea und ist ein bekannter Folklore-Sänger hier in der Maramureș. Wie es mit einer Ciorbă wäre, erkundigten wir uns. Pătru bejahte, aber erst spät am Abend würde das möglich sein. So einigten wir uns jetzt fürs Mittagessen auf Bratkartoffeln. Wir plazierten uns an ein Tischchen draußen in der Sonne, und dazu gab es Bier und Kaffee. Ich war doch soweit wieder hergestellt und konnte an diesen schönen Dingen teilhaben. Ein LKW stoppte, und ein Wanderer mit großer Kraxel stieg aus. Wir winkten ihn ran. Ein Deutscher war es, und er wollte ins Rodna-Gebirge. Material hatte er kaum, wir aber dafür um so mehr, und da halfen wir doch gerne weiter.

Am Nachmittag entschlossen wir uns, nach Dealu Stefăniței hinunterzuwandern. Wir liefen quer durch die Landschaft und kamen am Bahntunnel raus. Unser Ziel war die neue Kirche hier, die im Rohbau fast vollendet ist. Sehr schöne Konstruktion. Anschließend besuchten wir ein Magazin Mixt und plauderten mit einigen Rumänen daher. Zum Abend marschierten wir die Straße entlang wieder zum Paß hinauf. Die Landschaft hier ist so unendlich lieblich, und da macht das Bummeln richtig Spaß. Wir brachten dann erst einmal unsere Sachen in die Zimmer. Die oberen Etagen sind innen noch nicht ausgebaut. Erst drei Stuben sind bewohnbar, und auch ein Bad ist bereits halb fertiggestellt. Pătru Bârlea kann nur von Zeit zu Zeit neu investieren. Je nach dem Einkommen. Da fühlen wir uns als Gäste doppelt gut, denn das hilft natürlich. Zum Sonnenuntergang sind Mario und ich noch auf einen nahe gelegenen Gipfel gegangen, um noch das eine oder andere Foto zu schießen. In der Dämmerung waren wir zurück.

Ein Maurer werkelte gerade an einer Betoneinfassung für einen Zaun links von der Cabana. Er sagte uns, daß Pătru kurz nach Săcel getrampt ist, um noch frisches Fleisch für das Abendbrot zu besorgen. So nutzten wir die Zeit und halfen dem Maurerburschen bei der Arbeit. Wer also in Zukunft mal hierher gelangt und links von der Cabana auf einer Terrasse sitzt, der wird den kleinen Holzzaun sehen, dessen Pfähle einbetoniert sind. Da haben die zwei Brandenburger Mario und Willi mitgewirkt!!! Bitte auf unser Wohl ein Bier mehr trinken!!! DANKE! Mittlerweile war es dunkel, und da kam auch schon Pătru mit allerfeinstem Kalbsfleisch zurück. Eine Öllampe wurde entfacht, und los ging es mit der Küchenarbeit. Dann saßen wir alle zusammen zu Kalbsbraten und Bratkartoffeln. Ich hatte ja schon kurz nach der Ankunft die Disc-Schale erspäht und Pătru gefragt, ob er hier auch Disc macht. Jetzt im Schein der Öllampe gab er kund, daß er für uns morgen Disc und Ciorbă macht. Ja, ich war voll von Glückshormonen.

Für alle, die nicht wissen, was Disc ist, hier eine kurze Einführung: Man benutzt eine Stahlschale über einem offenen Feuer. Die Schalen sind meistens alte Pflugteller mit einer eben tellerartigen Auswölbung. Dann kommt's Feuer drunter. Schließlich etwas Öl hinein, und dann folgt das Fleisch. Dabei wird frei kombiniert, je nachdem, was verfügbar ist. Speck kommt mit dazu, und dann folgt noch allerhand anderes Zeugs, wie Kartoffeln, Paprika, Knoblauch, Zwiebeln … Das Ganze schaut einen lange Zeit recht appetitlich an, und dauert's allzulang, läuft man gar Gefahr, in die Schale zu beißen. Mit einem guten Țuică kann man aber diese Ungeduld etwas zügeln. Die Tradition des Disc ist erst ca. 30 Jahre alt. Maramureşer Bauern, die im Sommer auf den Feldern im Banat und anderen Gegenden arbeiten, haben irgendwann alte Pflugteller zum Braten und Kochen benutzt und diese Idee in die Heimat übertragen. Vergleichbar ist das mit dem Grillen bei uns in Deutschland.

Pătru Bărlea macht Disc

16.9.99

Ja, also gegen 10 Uhr ging es los. Zwei Betonsteine, die gewölbte Stahlplatte darüber und Feuer gemacht. Öl rein, dann folgte feinstes Lendenfleisch vom Kalb und, und, und … Ein guter Bratensaft fiel dabei ab, der für die Ciorbă abgeschöpft wurde. Mein Speichelfluß war gigantisch. Gegen 12 Uhr hatten wir auf der Terrasse nahe dem Bezirksmonument vom Maramureş im Sonnenschein die Ehre, zu Tisch zu schreiten … Bäuerchen! Irgendwann hat alles mal ein Ende. Wir haben bei Pătru Kasse gemacht und wanderten runter nach Săcel. Ein kurzes Stück des Weges nahmen uns zwei Herren aus Oberwischau mit hinunter. Dort warteten wir auf eine Mitfahrgelegenheit in Richtung Botiza. Ein Roman-LKW hielt. Eine Bäuerin und ein junger Mann stiegen ein, und ich ließ nicht locker. Dann zeigte der Fahrer ein gutes Herz, und so paßten der Mario und ich samt Kraxeln auch noch in die Führerkabine. Also Leute – Bahn frei, Kartoffelbrei! Bis Sălişţea de Sus gelangten wir. Der Fahrer setzte uns bei der großen Cabana ab. Ich erspähte seitlich vom Gebäude ein alten rumänischen Kleinbus. Der Fahrer hantierte daran herum. Schnell einigten wir uns auf einen Preis, und dann NONSTOP auf nach Botiza.

Am späteren Abend besuchten wir noch den Schmied und die Salzquelle in Botiza. Beim Schmied gab's einen Țuică, den er wohl zum Feuermachen benutzt. George hatte zwei weitere Gäste im Haus, einen Japaner und einen Engländer. Letzterer sprach sehr gut Deutsch und war auch in unserem Alter. Der Japaner war ein bisserl steif, aber sonst ein prima Typ. Vor einigen Tagen mußte er eine Blinddarm-OP in Budapest über sich ergehen lassen. Und so nutzte er dieses Ereignis gerne als Vorwand, um einen Țuică weniger mit uns zu trinken. George brachte neue Getränke, dabei auch Mineralwasser. Dieses war in einer Flasche, die der des Țuică sehr ähnlich war. Der Japaner merkte das nicht und schüttete sich ein ganzes Wasserglas voll mit Țuică. Die anderen Herren der Tischrunde haben diesen Irrtum ganz unverhohlen genossen. Wir stießen an und wünschten uns Gesundheit. Der Spaß war riesig, aber wir haben den armen Freund dann nicht allein gelassen. In mehreren Durchgängen wurde der flüssige Irrtum auf kleine Gläschen verteilt.

Die Todsünden in Poienile Izei

17.9.99

Heute sind der Engländer, Mario und ich nach Poienile Izei gewandert. Die alte Holzkirche mit den Bildern über die Bestrafung einiger Todsünden hat uns natürlich sehr interessiert. Zuerst aber machten wir halt bei der neuen Holzkirche von Botiza im Valea Sasului. Diese Kirche wird von einem Mönch betreut, der aus dem Kloster von Rohia kommt. In einem kleinen Häuschen rechts neben der Kirche wohnt er. Wer das Kirchlein von innen betrachten möchte, kann dort anklopfen. Wir taten das natürlich. Der Mönch erzählte uns, daß man in Săpânța jetzt eine Holzkirche errichten will, die in Zukunft die höchste Holzkirche im Maramureș sein wird. In zwei Jahren dürfte der Rohbau stehen, und natürlich werde auch ich dann wieder in Săpânța vorbeischauen.

Dann wanderten wir weiter. Bei der Kirche in Poienile Izei angekommen, mußten wir erst einmal schauen, wer den Schlüssel hat. Nahe dieser Kirche wurde eine neue Steinkirche errichtet. Zur Zeit werden die Innenmalereien fertiggestellt. Das Pfarrhaus liegt dahinter. Die Frau des Pfarrers hat uns dann freundlicherweise die alte Kirche geöffnet. Wunderschön und foarte imposant. Schließlich taten wir noch einen Blick in die neue Kirche. Hier nun trennten sich unsere Wege. Unser englischer Freund ging Richtung Şieu und wir zurück nach Botiza. Dort angekommen, suchten wir das nächste Magazin Mixt auf. Jeder ein „Bere Ursus", und wir waren wieder gut drauf. Dann Abendbrot bei George mit einem sehr wachsamen Japaner, der darauf achtete, in welcher Flasche sich welches Getränk befand. Zum frühen Abend sind wir noch einmal aufgebrochen und haben eine Alte in dem ältesten Haus von Botiza besucht. Hier und auch anderswo gibt es noch den traditionellen Lehmfußboden. Anschließend sind der Mario und ich wieder unters Volk in eine kleine Kneipe gegangen. Wir plauderten und geigelten mit mehreren Herren so daher, und die Zeit verging. Der Wirtsmann hatte bereits abgeschlossen, da klopfte es. Von einem der Herren kam die Alte, um den Gatten abzuholen. Gerne tat die das nicht, so jedenfalls war's an ihrem Gesicht abzulesen. Und dem Alten stand fast schon der Angstschweiß auf der Stirn. Da sagte ich: „Ihr Mann hat nur Mineralwasser getrunken, das können wir bezeugen!" Da mußte selbst die Alte grinsen, und ich denke, dem armen Männlein ist so Schlimmstes erspart geblieben. Ja, die Männer haben's wirklich nicht leicht!

Markt und Hochzeit in Botiza

18.9.99

Heute war Sonnabend und somit auch Markt in Botiza. Natürlich stand ich bei Fuß. Wer in Botiza Fotomotive sucht, findet eh schon viele, aber am Sonnabend zum Markt und auch am Sonntag vor dem Gottesdienst ist's dann wirklich klasse. So wühlte ich mich durch das Getümmel und knipste hier und da. Auf einem Bauernhof wollte man gerade ein Kalb schlachten. Die Leute winkten mich herein. Aber wenn so einem Kälbchen die Seele entflieht, da wird mir's dann doch ein wenig mulmig. Also verabredete ich mich für eine halbe Stunde später. Viele LKWs waren hier.

Maramureşer Bauern, die den Sommer über auf den Feldern im Banat und anderen landwirtschaftlichen Zentren gearbeitet hatten, verkauften hier ihre Erträge. Denn folgendes System steht dahinter: Die landwirtschaftlichen Flächen im Maramureş sind hier recht klein parzelliert, und die Böden sind mitunter karg. Da reicht die Ernte nicht, um z. B. das Vieh über den Winter zu bringen, auch wachsen eben bestimmte Früchte in wärmeren Gegenden besser. Damit die Bauern dort auf den fremden Äckern auch eine gute Arbeit leisten, werden sie mit ca. zehn Prozent an der Ernte beteiligt. Und mit diesen Erträgen kommen sie dann im Herbst auf die großen Maramureşer Märkte. Eine jahrhundertealte Kultur, in der sich die Menschen aus verschiedensten Gegenden Rumäniens ergänzen.

Nun ging ich wieder zu dem geschlachteten Kalb. Das Fell war bereits abgezogen und etwas gereinigt. Zigeuner warteten schon, um das Fell käuflich zu erstehen. Eine bestimmte Gruppe von Zigeunern ist auf den Ankauf von Fellen spezialisiert. Sie verarbeiten diese zum Teil selbst oder verkaufen diese an fellverarbeitendes Gewerbe, meist natürlich gewinnbringend. Das Fleisch des geschlachteten Kälbchens war aber nicht zum hiesigen Verkauf bestimmt. Dennoch, heute abend soll's verspeist werden, denn da ist in Botiza eine große Hochzeit. Dann zwei Ţuică auf das Kälbchen, und weiter ging es zu einem anderen Bauernhof. Auch hier wurde ein Kalb extra zum Markttag geschlachtet. Ein ständiges rein und raus war das hier auf dem Hof. Natürlich wurde stets über die Qualität des Fleisches gefachsimpelt, mit dem Hintergedanken, den Preis etwas drücken zu können. Dann traf ich Mario. Er hatte seine Kraxel für die Abreise gepackt. George fährt ihn in einer Stunde nach Alba Iulia zum Bahnhof. Also gingen wir auf ein Abschiedsbierchen. Dann herzliche Verabschiedung, und wir waren uns einig, daß diese Tour nicht unsere letzte Unternehmung sein würde. Auch der Japaner verließ Botiza und fuhr mit George und Mario nach Cluj.

So, und ich stürzte mich wieder ins Marktgetümmel. Eine Alte wollte sich ein Paar Opincii (Opincă = Bundschuh, selbst gefertigt aus Gummi; in früheren Zeiten wurden diese Schuhe nur aus Leder gefertigt) kaufen, aber das Geld reichte nicht. Ich spendierte der Alten die Schuhe. Wir kamen etwas ins Gespräch, und ich wollte wissen, ob auch sie eine alte Volkstracht hätte. Kurzerhand lud die mich in ihr Haus ein. Das Haus war ein gemütliches altes Holzhäuschen. Auf selbigem Hof dahinter hatte der Sohn mit seiner Familie ein neues Haus aus Stein errichtet. Während die Alte sich umkleidete, wurde ich in das neue Haus geladen. Der Sohn war Bergarbeiter und hatte ebenfalls zwei Söhne. Einer war zugegen, und ob ich auch diesen fotografieren könne? Ja, wenn möglich in Tracht. Klar war es möglich. Nun zeigte mir der Familienvater einige Minerale, die er aus dem Bergwerk mitgebracht hatte. Sehr schöne Exemplare. Zwei Steine gefielen mir besonders gut, und wir einigten uns schnell auf einen Preis. Dann war Fototermin. Zuerst die alte Dame und dann deren Enkelsohn. Und dann, ja dann mußte ich wieder ins Haus und war zum Essen geladen. Es gab Pilze, dazu Mămăligăă und anschließend mit Blaubeeren gefüllte Eierkuchen. Mann, war ich satt! Hätte es da nicht noch Bier und Ţuică gegeben, liefe ich heute noch wie ein pausbäckiger Hamster durch die Gegend. Zum frühen Abend gab es bei Mirele Abendbrot. Und anschließend stand ich wieder an der Straße, denn jetzt kam die Hochzeitsgesellschaft daher. Viele Männer hatten eine Flasche Țuică zur Hand, und auch ich mußte mehrmals an der Gastfreundschaft teilhaben, und ehe ich mich versah, war auch ich Teil der Hochzeitsgesellschaft. Zuerst ging es zur örtlichen Gemeindeverwaltung. Hier wurde die staatliche Ehe vollzogen. Anschließend ging es zurück zur Kirche. Hier aber gingen nur die Angehörigen und Verwandten mit hinein. Die anderen Leute warteten draußen. Ich befand mich unterdessen in einer Männerrunde von sechs Herren, von denen jeder eine Flasche Țuică in der Hand hielt. Nach etwa einer Stunde kam die Hochzeitsgesellschaft aus der Kirche und schritt zum nahe gelegenen Kulturhaus. Hier gab es vor dem Eingang erst eine kleine kulturelle Einlage. Dann aber strömten die Leute in das Kulturhaus. Da traf ich plötzlich Ioan mit seiner Frau, die auch zur Hochzeit wollten. Es waren gute Freunde, und so gingen wir erst in eine Kaffeebar auf ein Bierchen. Aber dann gingen auch wir zur Hochzeit. Ich setzte mich zu Ioan. Die Tische waren prall bestückt mit Speis und Trank. Der orthodoxe Pfarrer hielt eine Rede, und dann ging es richtig los. Zu meiner anderen Seite saß ein Ehepaar so meines Alters. Die Frau hatte ich vor zwei Jahren schon einmal am Webstuhl fotografiert. Und nun nahm die mich in die Mangel. Ich sollte tanzen, und das zu rumänischer Folklore. Der Pfarrer hatte reichlich Spaß an meinen ersten Gehversuchen zu rumänischer Folklore. Also ich legte mich ins Zeug, und irgendwie ging's dann richtig ab. Wir zogen eine volle Runde durch. Dann Pause, und Ioan lobte mich für die gelieferten Leistungen. Besonders imposant ist hier ein Brauch, der besonders im Maramureș vorherrscht. Denn manchmal sieht man auch Männer mit zwei Frauen tanzen. An schönen Frauen war hier wirklich kein Mangel, aber da war mir das Zuschauen einfach lieber. Und meine Tanzpartnerin ließ nicht locker. Für die übernächste Runde war ich wieder gefragt. Und als Krönung mußte ich auch noch an einer Männerrunde teilnehmen, wo sie alle im Kreis ihr Temperament austoben. Also meine Beine hobberten noch, als ich danach zu Tisch ging. Die Folklore-Gruppe bestand im übrigen aus fünf Personen, die alle aus Botiza kommen, und zu aller Kuriosität sind vier von denen Brüder. Zu gegebener Stunde spielten die ein Volkslied auf, was zum Inhalt hatte, wie schlecht es dem Manne geht, wenn er erst einmal verheiratet ist. Und immer wenn der Refrain kam, da sangen die Männer im Saal aus voller Kehle mit. Was für unendliches Leid muß es doch auf dieser Welt geben ... Gegen zwei Uhr in der Frühe ging dann einer durch den Saal mit einer großen Plastikwanne und sammelte Geldspenden ein. Zwischen 100.000 und 200.000 Lei spendeten die Leute. Somit finanziert sich natürlich schon ein Teil dieser Feierlichkeiten. Es gab ja fast jede Stunde ein neues Essen. Angefangen von Aufschnitt über Suppe, Bratenfleisch mit Kartoffeln und dann auch noch Kuchen und Törtchen. Kurz nach halb drei Uhr ging ich dann in Richtung Unterkunft. Denn schließlich wollte ich ja am Sonntagvormittag wieder fit sein.

Țuică unterm Heuschober

19.9.99

Gegen 10 Uhr war ich wieder unterm Volk. So nach und nach strömten die Leute zur Kirche. Das eine und andere Foto hatte ich mir dabei „erbeten". Dann aber war ich eingeladen zur neuen griechisch-katholischen Kirchgemeinde. Ihre Gottesdienste halten sie noch in einem Bauernhaus ab. Eigentlich ist ihnen ja in mehreren Prozessen die alte Holzkirche wieder zugesprochen worden. Aber der orthodoxe Pfarrer macht dagegen Front. In einem Gespräch mit dem Preoten der neuen griechisch-katholischen Gemeinde erfuhr ich, daß man nun eine neue kleine Steinkirche bauen will. Vielleicht ist es gut so, und es wächst Gras über die kleinen Turbulenzen der jüngeren Dorfgeschichte. Aber man soll es richtig verstehen, es gibt bei all den kirchlichen Problemen keine Feindseligkeiten unter den Leuten im Dorf. Da erweisen sich die Schäfchen als die Unbefleckteren im Gegensatz zu ihren Hirten!

Am Nachmittag bin ich mit George zu unserem Freund Ioan aufgebrochen. Auch Ioans Familie gehört mit zu der touristischen Assoziation (Rural Tourism Association = Ländliche Tourismusvereinigung) in Botiza. Und ich entdeckte gleich eine wunderschöne Kuriosität. Viele Häuser haben ja hier solche Heuschober, bei denen sich je nach Menge das Dach nach oben oder unten versetzen läßt. Ioan hat das Heu auf eine höhere Etage verbannt und darunter einen wunderschönen offenen Pavillon eingerichtet. Ja, und da saßen wir dann bei Țuică und Bier. Das Wetter war sehr schön, und wir entschlossen uns spontan, gleich hinterm Haus auf Pilzsuche zu gehen. Nach einer Stunde war die Tüte voll. Dann bereitete uns Ioans Frau ein reichlich gutes Essen. Ioan hat hier auf dem Grundstück auch eine große Wiese. Ideal für Camper und auch für Leute mit einem Wohnmobil.

Bauernmarkt in Dragomirești

20.9.99

Montag ist heute und somit ein lang ersehnter Tag für mich. Denn in Dragomirești ist Bauernmarkt, oder sagen wir schlicht Markt. Schon früh treiben die Bauern ihr Vieh aus anderen Dörfern herbei. George hat mich früh mit dem Auto hingefahren. Unterwegs sahen wir einen Bauern, der einen Bullen zum Markt bringen wollte. Dem war aber nicht danach, und so bog dieser rechts ab aufs Feld. Das arme Bäuerlein hoppelte an der Leine hinterher wie ein Taschentuch im Winde. Und dann endlich stürzte ich mich ins Getümmel. Pferde, Kühe, Schafe wurden hier auf dem Markt gehandelt, und auf der anderen Hälfte des Geländes gab es vom

Mobiliar bis zum Ersatzteil für Hüfthalter so ziemlich alles. Ich drehte meine Runden und machte so meine Fotos. Touristen sah ich sonst keine weiter.

Bei den Pferden verweilte ich oft. Denn wer sich da auf einen Handel einläßt, der will's genau wissen. Besonders wichtig in dieser bergigen Gegend ist, ob die Pferde auch über reichlich Zugkraft verfügen. So kommen zwei Pferde vor einen Wagen, dessen Räder blockiert sind, und dann heißt es „hü, hü, heia, hü". Die Gäule gaben Gas, und ab geht's. Ein „Verkäufer" trieb sein Gespann durch den angrenzenden Bach. Der Wagen sprang hin und her, und der interessierte Käufer samt Gattin, welche hinten Platz genommen hatten, purzelten haltlos durcheinander. Das war eine Gaudi für die Zuschauer. Und dieses Foto ist auch garantiert nichts geworden, weil man sich eben nicht vor Lachen den Bauch halten und gleichzeitig ein ruhiges Foto machen kann. An einem Berghang hinter dem Marktgelände wurde ein weiteres Pferdegespann getestet. Die Pferde zerrten und keiften, aber der Wagen kam nicht mehr vorwärts. Ich ging hin, um zu sehen, in welchem Verhandlungsstadium man war. Der Preis schien zwischen den Familien ja schon längst ausgehandelt. Aber weil die Pferde nun hier nicht weiterkamen, da müsse der Verkäufer doch glatt noch ein Bier ausgeben. Der hielt dagegen, daß er schon zur Genüge Bier ausgegeben hätte. Aha, hier ging's also nur noch um die Ehre. Eigentlich logisch, wo sollen denn die Leute mit ihrem Temperament sonst auch hin.

Bei den Kühen erspähte ich einen keifenden Zwergenopi, der sich mit seiner ebenfalls kleinwüchsigen Zwergenfrau stritt. Es ging um den Kauf eines Kälbchens. 1,5 Millionen Lei sollte es kosten. Doch für den kleinen Alten war das scheinbar zu teuer. Dann wandte er sich zu der jüngeren, pausbäckigen Bäuerin, der das Kalb gehörte, und beschimpfte diese, daß der Preis zu hoch sei. Die blieb gelassen, zeigte nach links und nach rechts und meinte, dann solle er doch woanders ein Kalb kaufen. Kälber waren ja auch genug da, und daß der Alte sich dieses ausgeschaut hatte, sprach ja schon für gute Qualität. Das wußte natürlich die Bäuerin. Ich stand da ganz in der Nähe und wohnte dem Handel bei. Die Bäuerin blinzelte mir immer schlitzäugig zu. Dann wollte die kleine Zwergenoma das Geld rüberreichen. Der Zwergenopi riß ihr den Geldpacken aus der Hand und hoppelte und fluchte. Nach ewigem Hin und Her gab der dann selbst den Geldpacken rüber, und das Kälbchen hatte nun endlich den Besitzer gewechselt.

Gegen Mittag holte mich George wieder mit dem Auto ab. Wir wollten ja heute noch die Iza-Quelle im Rodna-Gebirge aufsuchen. Ab Moisei zweigt die Forststraße ab. Die Fahrbahn wurde sehr schlecht, dafür aber die Landschaft noch schöner. Die Iza-Quelle sprudelt sehr kräftig ebenerdig aus einer Höhle in einer kleinen Schlucht hervor. Ein wundervolles Fleckchen Erde.

Nun fuhren wir wieder zurück. Es war früher Nachmittag, und der Markt in Dragomirești hatte sich bereits aufgelöst. Wir fuhren weiter nach Bogdan Vodă. Hier besichtigte ich die wunderschöne alte Holzkirche. Ganz in der Nähe hat man die – für mich zumindest – häßlichste Betonkirche vom ganzen Iza-Tal erbaut. Dennoch ist dieses Ensemble von Alt und Neu sehr interessant und kurios. Anschließend fuhren wir dann weiter nach Ieud. Hier gibt es zwei alte Holzkirchen mit den wohl schönsten Friedhöfen von der ganzen Maramureș. Wunderschöne geschnitzte Holzkreuze kann man hier besichtigen. Zuerst besichtigten wir die Kirche „Biserica din Șes", welche um 1718 erbaut wurde. An anderer Stelle im Dorf befindet sich auf einer kleinen Anhöhe die Kirche „Biserica din Deal", welche wohl die älteste Kirche hier in der Maramureș ist. Erbaut wurde sie im Jahre 1364. Hier waren im Vorraum gerade mehrere Damen mit der Restauration der Wandbilder beschäftigt.

Gegen 18.30 Uhr waren wir dann wieder zurück in Botiza. Die Schnapsdestille war offen, und ich ließ mich dort absetzen.

Machte natürlich gleich einige Fotos und Kostproben. Na ja, es dauerte so seine Zeit!

Die bockige Nonne

21.9.99

Heute war eine große Tagestour angesagt. Georg und ich fuhren über Bogdan Vodă zuerst nach Bocicoiel. Wir hielten dort zuerst an einem sehr schönen alten Holztor. Also das Teil war wirklich eines der Extraklasse. Anschließend besuchten wir ein Haus, in dem noch Opincii (Opincă = Bundschuh) hergestellt werden. Dann Weiterfahrt über Vişeu de Jos nach Vişeu de Sus. Hier besuchten wir kurz die Zipserei, und dann fuhren wir ins *Wassertal*, bis kurz vor Valea Peştilor. Hier wurde eine neue Holzkirche im Rohbau fertiggestellt. Im Kellergeschoß werden bereits Gottesdienste abgehalten. Diese Kirche mit dem Namen „Biserica din Valea Râului" stellt eine weitere kulturelle Bereicherung für die Gegend um das Wassertal dar. Malerisch gelegen, und wer es zum Abend noch bis hierher schafft, der findet sicher in der Nähe auch ein schönes Zeltplätzchen.

Wir setzten unsere Reise fort. Zurück ging es nach Vişeu de Jos und dann weiter das Tal der Wischau. Kurz hinter Unterwischau steht rechts oben am Berghang eine neue Holzkirche. Ein Stück tiefer ein riesiges Wohnhaus. Das alles ist Privatbesitz, und Zugang ist strikt untersagt. Ein langjähriger Chef von Motorola, der ehemals aus Rumänien stammt, hat für seine Mutter und sich dieses Anwesen erbaut. Ins Gerede ist dieser Herr aber gekommen, als er vor einigen Jahren unlautere Geschäfte mit Handys fürs rumänische Militär machte. Da gab es auch einen Prozeß, aber das Eigentum des Herrn wurde nie angetastet.

Kurz vor Leordina verließen wir das Tal der Wischau und bogen rechts ab nach Poienile de Sub Munte. Auch hier gibt es eine eigentümliche alte Holzkirche. Im Dach vom Kirchturm sind mit anders gefärbten Holzschindeln die Jahreszahlen angebracht, zu denen Restaurationen stattfanden. Auch hier steht in unmittelbarer Nähe die neue große Kirche aus Stein. Und zurück ging es ins Tal der Wischau, bis hinein nach Valea Vişeului. Aber hier fährt nur der Zug nach Sighet weiter. Eine Straßenverbindung existiert nicht. Also wieder zurück bis Petrova, weiter über den Hera-Paß nach Coştiui. Hier wurde früher in Bergwerken Salz abgebaut. Hinter dem Ort finden sich reichlich Zeugnisse davon. Außerdem gibt es hier auch ein wunderschön gelegenes Salzbad. Ein Freibad sozusagen und erst im vorigen Jahr renoviert. Das Gebäude, wo man warme Salzbäder nehmen konnte, befindet sich aber noch in desolatem Zustand. Eine wunderschöne Wiese ist hier und auch eine kleine Kaffeebar. Ich sprach mit dem Chef und Hausmeister der Anlage. Seit ca. 30 Jahren arbeitet er hier. Also zelten kann man hier auch, und wenn einer einen Stellplatz für sein Wohnmobil sucht, für eine kleine Gebühr ist's möglich. Auch kleine Finnhütten stehen hier. Besonders für Radler, die in dieser Gegend eine Tour machen, ist das ein lohnenswertes Plätzchen für den Abend. Aber zuvor gilt es noch, fünf Kilometer durch den Ort eine Bergauffahrt zu bewältigen. Aber da schmeckt dann auch das Bier besser! Das Bad ist in der Saison geöffnet vom 3. Mai bis 28. August. Und wer später oder früher kommt, erkundigt sich einfach nach dem Chef, und dann ist es auch kein Problem mit dem Niederlaß.

Weiterfahrt nach Tisa. Hier steht die wohl häßlichste neue Holzkirche von der ganzen Maramureş. Der Glockenturm ist so schlank, als ob er scheinbar aus Streichhölzern errichtet wurde. Hier stimmen einfach die Proportionen nicht. Aber er bereichert das Potential der Kuriositäten. Nach kurzem Aufenthalt in Sighet fuhren wir nun nach Bârsana. Die Abendsonne hing schon tief und tauchte die vielen Holzhäuser in ein warmes Licht. Jetzt war sozusagen DER ideale Moment, noch einmal Fotos von der dortigen Klosteranlage zu machen. Und genau das tat ich. Nur kurz vor dem Nonnenwohnhaus hielt ich inne und machte noch Fotos vom Kirchenensemble. Eine jüngere Nonne kam und wollte mich darauf hinweisen, daß ich hier nur ein Foto machen dürfe. Na, da war die ja bei mir genau richtig. Ich habe ihr noch mal erzählt, daß sie nicht vergessen solle, daß diese wunderschönen Bauten hier die Leute aus dem Dorf erschaffen haben. Und auch eine Nonne hat nicht das moralische Recht, darüber zu entscheiden, wer hier wie viele Bilder macht. Außerdem war ich fast jedes Jahr hier und hatte einfach immer Pech mit dem Licht. Ich jedenfalls werde das Lob über diese phantastischen Handwerker aus Bârsana in die weite Welt entsenden. Das kann doch eigentlich nur im Interesse des Klosters sein. Ich setzte noch eins drauf und fragte die Nonne, ob ich denn auch EIN Bild vom Wohnhaus machen dürfte. Sie willigte bockig ein. Ich dankte recht herzlich!

Am Abend in Botiza warteten wieder mehr irdische Zaubereien auf mich. Mirele bereitete das Abendbrot. Es gab eine kartoffelbreiähnliche Masse, welche aus Melonen bereitet wird, und dazu „Vacă de Pădurea" (das ist sozusagen das heimliche Pseudonym für Rehbraten). Also wenn ich nun meine Lustgefühle beschreiben sollte, so käme wohl eine ganze Homepage bei raus. Lassen wir's. Kann ja jeder selbst herkommen und probieren!

„Klarer Kopf vom Suppentopf"

22.9.99

Früh gegen 9 Uhr sind George und ich zuerst nach Bogdan Vodă zum dortigen Pfarrer gefahren. Er hat noch Bestände von einem sehr guten Buch über rumänische Holzkirchen (historische Monumente und religiöse Kunst) im Hause und bietet diese zum Verkauf. Ich war natürlich interessiert!!! Leider war niemand zugegen. So begannen wir mit unserer eigentlichen für heute geplanten Reise. Erstens: Besichtigung der Holzkirche in Rozavlea. Anschließend fuhren wir zu dem bekannten Holzschnitzer Bârsan

Toader nach Bârsana. Einer seiner zwei Söhne, der Ioan, war da, und wir gingen in den Ausstellungsraum. Wir setzten uns anschließend vor das Haus und kamen richtig gut ins Gespräch. Ich erfuhr dabei, wie der Vater mit dem Holzkunstgewerbe begann: Eines Tages wollte Bârsan auch ein schönes Holztor für sein Gehöft erbauen lassen, aber es war einfach zu teuer. So hat er sich 1972 entschieden, selbst ein Tor zu fertigen. Und siehe da, das eigene Talent war entdeckt! Neben Holztoren fertigte er dann nach kurzer Zeit auch Skulpturen und andere Kunstwerke aus Holz. Ioan, welcher in meinem Alter ist und ebenfalls im häuslichen Betrieb mitarbeitet, brachte mir das Gästebuch. Ich schrieb hinein, daß es hier schon recht beeindruckend ist und auch in Zukunft ein Besuch immer wieder lohnt. Aber ein Defizit wäre wohl, es gäbe hier keinen Țuică. George übersetzte dem Gastgeber, und dieser rannte sofort los, und dann becherten wir sieben Gläser in Folge. Ich korrigierte meinen Eintrag im Gästebuch. Beim Abschied meinte Ioan, was da den Țuică angeht, da hätten bisher die meisten Fremdlinge beim vierten Becher das Handtuch gestreckt. Ich dachte nur, Brustkorb raus, solange noch Luft drin ist.

Wieder im Auto, gab ich George zu verstehen, daß es jetzt unbedingt Zeit für eine deftige Ciorbă sei. Ich schaltete meinen „Autopiloten" ein. In Ocna Șugatag, direkt bei dem Salzbad, dann endlich ein Restaurant und die Ciorbă. Alles noch mit „Autopilot"! Anschließend gingen wir zu Resten alter eingestürzter Salzgruben. Salzwasserkonzentrierte Tümpel und ein größerer Teich waren hier. Langsam kam ich wieder zu mir und konnte den „Autopiloten" abschalten. Mein Konzept war aufgegangen: „Klarer Kopf vom Suppentopf." Auf unserer Weiterfahrt fotografierte ich in Hoteni Schwarzbüffel, und dann besuchten wir die orthodoxe Holzkirche und auch die griechisch-katholische Kirche in Hărnicești.

Georges Vater bewirtschaftet in Hărnicești das älteste Haus im Ort. Es hat die Nr. 8 und wurde erbaut um 1792. Das Haus beherbergt mehrere Gästezimmer. Wir stoppten und besuchten Georges Vater auf ein Kaffeepäuschen. Draußen auf der Terrasse ließen wir uns im Sonnenschein nieder, und ich muß schon sagen, das ist ein wahres Kleinod.

Nächstes Ziel war die Holzkirche in Sat Şugatag. Die Frau des Pfarrers kam herbei und winkte mit dem Kirchenschlüssel. Klar wollte ich reinschauen. Anschließend gab ich eine kleine Spende. Sie dachte eher an DM, aber ich hatte hier nur Lei. Wo wir heute noch hinfahren, wollte sie wissen. Nach Bogdan Vodă. Das sei gut, denn sie will heute noch zu Verwandten nach Moisei. Wir nahmen sie natürlich mit. Im Auto machte ich mir natürlich einen Spaß und sagte, daß sie aber leider für die Fahrt einen Obulus in DM abgeben müßte. Da mußten wir alle drei loslachen. In Bogdan Vodă hatte ich zum späten Nachmittag dann doch noch großes Glück und erstand beim Pfarrer das gewünschte Buch.

Das Abendbrot bereiteten Mirele und George auf dem Disc. Danach gab es nur noch die Frage: Wer trägt mich hoch ins Schlafquartier?

Holzkirchen, Büffel, Kohlen-Munk

23.9.99

Heute ging es erneut auf Tour. Zuerst nach Baia Mare. Zuvor stoppten wir aber bei Georges Mutter, Ana Iurca, in Vadu Izei. Sie bewirtschaftet hier das eigentliche Wohnhaus mit zusätzlich eingerichteten Gästezimmern. Das Haus mit der Nr. 333 A lohnt wirklich einen Besuch. Wer z. B. weiter will in Richtung Iza-Tal und Moldau-Klöster, der kann von hier aus einen Tagesausflug nach Săpânţa und Sighet machen. Auch Camping ist hier möglich (Tel. 0040-62-33 03 65, Ana Iurca).

Auf der Weiterfahrt hielten wir noch kurz in Berbeşti. Hier steht mitten an der Straße ein wunderbarer, jahrhundertealter holzgeschnitzter Bergarbeiteraltar, der den Bergarbeitern in Ocna

Şugatac als Schutzpatron diente. Ein sammelwütiger Brite wollte vor einem Jahr diesen Altar für 100.000 Dollar aufkaufen. Aber die Leute sagten, das bringe ihnen Pech, und sie verkauften nicht. Heute stand die Sonne auf dem Altar, und so konnte ich endlich gute Bilder davon schießen. Und das ohne 100.000 Dollar.

In Baia Mare gönnten wir uns zum Mittag ein gutes Essen. Dann besuchten wir weitere Holzkirchen. Zuerst die in Săcălăşeni, dann die Kirche in Culcea und anschließend das schöne Kirchenensemble in Remeţea Chioarului. Der alte Eingang der Holzkirche dort hat einen eigentümlichen Überbau über dem Kircheneingang und ist zudem wunderbar eingerahmt von uralten dicken Bäumen. Dann ging es weiter über Coaş und dann auf schlechter Schotterpiste in Richtung Copalnic. Dann wieder gute Straße, und auf nach Tg. Lăpuş. Nun war es nur noch ein Katzensprung zum Kloster Rohia. Mitten in bewaldeten steilen Berghängen liegt die wunderschöne Klosteranlage. Man ist gerade dabei, eine neue steinerne Klosterkirche zu errichten. Der Rohbau scheint fast vollendet.

Es war Zeit für die Rückfahrt. Wir fuhren über Lăpuş. Kurz dahinter fotografierte ich zwei schöne Büffelgespanne. Und dann bei Strâmbu Băiut besuchten wir noch eine Köhlerei. Schade, daß der Mario nicht hier ist. Ich hätte ihm gerne gezeigt, wie ein wahrer Kohlen-Munk ausschaut! Zum späten Abend waren wir zurück in Botiza. Die vielen Tageseindrücke mußte ich erst einmal in aller Ruhe verarbeiten.

Letzter Tag in Botiza

24.9.99

Heute begann mein letzter Tag in Botiza, und den wollte ich dann auch hier in der Umgebung verbringen. Das Wetter wurde wieder schön, und ich nutzte die Zeit für eine kleine Wanderung hinauf zum Vf. Faţa Melintiţii (947 Meter). Die Aussichten waren vorzüglich. Ich lief auf dem Berg weiter in Richtung Vf. Muncelu (1.076 Meter). Von hier stieg ich dann wieder ab nach Botiza. Wieder im Ort, besichtigte ich im oberen Teil des Valea Secul eine kleine Mühle und eine Destille. Ein Stück weiter sah ich auf einem Hof drei alte Weiber beisammensitzen, die gerade Massen von diesen kleinen mit Reis und Hackfleisch gefüllten Kohlrouladen wickelten. Die Hausherrin winkte mich rein, und im Wohnhaus war eine ganze Stube voll mit Backwaren ausgelegt. Das alles ist für den kommenden Tag bestimmt. Denn es findet eine Feierlichkeit in der Kirche statt, wo man die Verstorbenen ehrt und ihrer gedenkt.

Am Nachmittag saß ich noch gemütlich mit Mirele und George zusammen, und zum Abend wurde es Zeit, den Rucksack zu ordnen. Schließlich habe ich noch mit meinen Freunden in Pui telefoniert. Wir vereinbarten, daß man mich morgen am Bahnhof in Subcetate abholen möge.

Vom Norden in den Süden

25.9.99

Noch im ersten Morgengrauen fuhr mich George nach Cluj. Gegen 10:40 Uhr hatte ich hier einen günstigen Anschlußzug, der eben bis Subcetate durchfährt. Ich saß im Abteil neben einer charmanten jungen Dame, die in Cluj Germanistik studiert und eigentlich in Făgăraș wohnt. Wir fanden schnell genügend Gesprächsstoff. Auch die Mutter der jungen Dame war zugegen, und die wurde dann sichtlich nervös, als der Zug Verspätung einfuhr. Damit war der Anschlußzug nicht mehr zu bekommen. Als der Schaffner in unserem Abteil die Fahrkarten kontrollierte, da legte jene Dame sich ins Temperament und diskutierte mit dem Schaffner. Der schob sich die Mütze nach hinten, setzte sich und sagte: „Nun wollen wir aber mal Rumänisch miteinander reden!" Und dann legte er los: Auch er käme dadurch fast jeden Tag nie pünktlich zu seiner Familie, und wisse überhaupt jemand, wie wenig er verdiene und was sein Chef dagegen hätte und daß es auch ihm reiche und, und, und …

Dann kam auch ich mit leichter Verspätung endlich in Subcetate an. Meine Freunde Venu und Dorin erwarteten mich am Bahnsteig. Schnell noch ein Bierchen und dann rein ins Auto und auf nach Pui. Zum Abend war noch eine Hochzeit in Pui. Aber die war nicht vergleichbar mit jener in Botiza. Wir jedenfalls feierten heute unser Wiedersehen bei Familie Stanciu.

Höhlen und Schluchten

26.9.99

Heute war Sonntag, Tag des Herrn sozusagen, und so machten sich drei Herren mit dem Auto auf zu einer schönen Tagestour. Wir fuhren in Richtung Petroşani. Am Eingang zur Schlucht „Cheile Peştera Bolii" setzte uns Herr Stanciu ab. Dann hieß es Hosenbeine hochgekrempelt und rein in die Schlucht. Sie ist nicht sonderlich lang, aber sehr schön. An einer Stelle reichte dann das Wasser aber doch bis ans Gemächt. Aber unsere Männlichkeit haben wir behalten. Anschließend, direkt bei den Gleisen der Bahnstrecke, gingen wir hinein in die Höhle „Peştera Bolii". Auch die durchwanderten wir bis zum imposanten Eingangsportal nahe der Bahnstation „Halta Peştera Bolii". Hier hatte uns bereits Venu mit dem Auto erwartet.

Und weiter ging unsere Tour über Lupeni bis zur Cabana Cheile Butii im *Retezat-Gebirge*. Hier fanden sich noch reichlich Zeugnisse der wütenden Wassermassen vom Juni diesen Jahres. Nach einem Bierchen machten Dorin und ich uns auf zu einer kleinen Exkursion in die Buta-Schlucht. Hinter einem kleinen Wehr muß man dann von Stein zu Stein und notfalls durchs Wasser. Sehr beeindruckende Landschaft hier. Mehrere Höhlen, die mitunter sehr eng verlaufen, aber allesamt nicht sonderlich lang sind, sind

wir abgekrochen. Wir sahen danach aus wie „ausgeschissen".
„Kohlen-Munk" hätte jetzt der Mario sicher wieder zu mir gesagt, aber zum Glück war er ja nicht dabei.

Dann ein Stück des Weges mit dem Auto retour, und beim Abzweig Valea de Peşti sind wir dann auf sehr schlechter Forststraße hinauf zur Cabana Valea de Peşti gefahren. Wir waren die einzigen Gäste hier. Wer also in der Vor- oder Nachsaison eine Cabana mit 130 Plätzen für nur zwei Personen sucht, der hat dann den ganzen Laden hier für sich. Und das zu einem Preis von ca. 50.000 Lei die Nacht. Romantischer Ausblick von einer Terrasse auf den Stausee im Valea de Peşti. Es wurde allmählich dunkel und somit Zeit für die Rückfahrt nach Pui.

Die Seele der Pflaumen

27.9.99

Am Nachmittag bin ich wieder einmal hinaufgewandert in das obere Valea Fizeşti. Eine Nacht bei meiner so liebgewonnenen Familie Danuţ, das muß schon sein. Für die zwei Sprößlinge und den Großvater hatte ich noch einige Geschenke im Gepäck. Zum frühen Abend war ich oben am Gehöft. Der Großvater sammelte gerade herabgefallene Pflaumen für den künftigen Ţuică ein. Ich ging dann erst einmal zum Haus und begrüßte Maria und die beiden Söhne. Dan war noch in den Bergen bei den Schafen. Mit dem Abendbrot würde es ja noch dauern, und so half ich dem Alten beim Pflaumensammeln. Aber welche herabgefallene Pflaume erfüllt denn noch den nötigen Qualitätsstandard? Ich schaute dem Alten kurz zu, und mein Fazit war: Jede noch so faulige Pflaume ist dafür von ausgefallener Güte. Na ja, eigentlich logisch, denn bei der Destillation steigt ja auch nur die Seele der Pflaume auf. Und darum ist es wie bei den Menschen: Alle Pflaumen sind gleich. Jedenfalls, meine Aktienanteile für den nächstjährigen Ţuică hier sind gesichert. Mit Einbruch der Dunkelheit rief uns Maria zu Tisch. Dem Alten übergab ich jetzt sein kleines heiß ersehntes Fernglas. Und auch die Kleinen bekamen ihre Geschenke.

Die spontane Höhlentour

28.9.99

Maria bereitete mir zum Frühstück Mămăligă mit Brânză. Dazu gab es frische Kuhmilch und Țuică. Ich ließ den Tag heute langsam angehen, denn Venu würde mich so gegen Mittag im unteren Fizești-Tal mit dem Auto erwarten. Alles lief nach Plan. Gegen 13 Uhr saßen wir zu Tisch und wurden von Venus Frau bewirtet. Gegen 14 Uhr hatte ich ja eine Verabredung mit Dorutu, einem Sohn von Dorin. Wir wollten eigentlich einen Nachmittagsausflug zur Cabana Straja im Vâlcan-Gebirge machen. Doch bei Familie Danuț ist mir das sehr warme Quellwasser hier aufgefallen, und da kam mir doch spontan die Idee, die Höhle „Peștera Șura Mare" bei Ohaba Ponor zu machen. Zunächst aber kam Dorutu nicht. Er war wohl noch mit dem Auto in Deva unterwegs. Also vertrieben Dorin und ich uns die Zeit in der Kaffeebar. Wir waren eine wirklich illustre Runde. Gegen 15 Uhr war Dorutu aber ran, und ich schlug ihm die Höhle vor. Auch er hatte die noch nicht gemacht, und so holten wir schnell alles Nötige beisammen. Gegen 16 Uhr standen wir dann vor dem riesigen Portal. Ich wußte ja, was mich erwartet, und hatte für den langen Weg durch den unterirdisch verlaufenden Bach gleich die Wanderschuhe und sonstigen Sachen angelassen. Dorutu war mit sehr langen Anglerstiefeln ausgestattet, doch schon nach den ersten 100 Metern waren die vollgelaufen. So fügten wir uns den Gegebenheiten und liefen weiter. Die zu furtende Wassertiefe pendelte zwischen Knie- und Brusthöhe. Mehrere kleinere Wasserfälle galt es zu überwinden, und wunderschöne Kalkformationen haben wir gesichtet. Aber diese mehr bräunlich-dunkelfarbigen Tönungen machen gute räumliche Fotos schwierig. Dafür war mein Blitz einfach nicht stark genug. An einer mitten im Weg sehr tief hängenden Kalkformation drehten wir wieder um. Hier war nur noch ca. zehn Zentimeter Platz zwischen dem Wasser und der Höhlendecke. Ich hätte meine Kamera da nicht durchbekommen. Eine ähnliche Passage mit ca. 30 Zentimetern bis zur Höhlendecke hatten wir ja schon hinter uns, da ging es noch gerade so. Aber immerhin, knapp drei Kilometer sind wir vorgedrungen. Ohne große Ausrüstung halt ein tolles Erlebnis. Gegen 20 Uhr waren wir wieder am Höhlenausgang. Aber das Schlimmste kam jetzt. Wir mußten in der Dunkelheit noch die sich anschließende Schlucht durchschreiten. Aber hier waren die Steine im Wasser abartig rutschig. Doruțu hat sich einmal voll daniedergelegt. Gegen 21 Uhr dann Abendbrot in Pui und unauslöschliche Erlebnisse an diesem vorletzten Tag hier in Rumänien. Ich war überglücklich.

Ich komme wieder!

29.9.99

Am Vormittag habe ich so langsam meinen Rucksack mit all den vielen Gastgeschenken und Büchern gepackt. Eine schwere Aufgabe. Mittag bei Familie Stanciu und dann noch einige gemütliche Stunden mit Einheimischen in der Kaffeebar. Zum Abend hat mich Dorin dann nach Deva begleitet. Ich wurde immer schwermütiger, und gegen Mitternacht fuhr dann mein Zug in Richtung Heimat. Oder weg von der Heimat? Ich weiß nicht, wie ich denken soll. Aber eines ist sicher: Ich komme wieder!